第2版

教員を目指す君たちに受けさせたい論作文講座

教育の見方・考え方が変わる

明星大学教職センター 編

明星大学出版部

ガイダンス ～書くことは考えることである～

　これから論作文講座がはじまる。多くの方は教員採用試験があるから講座を受けよう。書くことに不安がある。何を書いてよいか分からない。そもそも自分の気持ちをうまく文章に表せない。否、友人が受けるから。受験の準備をするためと、動機は様々であろう。

　そんな君たちに、最初に、この論作文講座の目的を言っておく。「書くことに不安がある」、「何を書いてよいか分からない」、「うまく書けない」、だから書くのである。"書くために考える"のではなく、"考えるために書く"のである。教育の在り方、教育の課題について、教師の使命や責任について、児童・生徒に起きている問題について、教科などの指導や学級経営について、自分の感性や教養、常識について、よく分からない自分の意識を覚醒させるために書くのである。それは、周りの様子がだんだん見えてくる夜明けに似ている。自分は教育をどう考えるか。どんな教師になりたいのか。課題を解決するために、何が必要か、何に取り組むのか。どのような問題意識を持ち、何をしようとしているか、そのためには自分を掘り下げる必要がある。書けないのは、この「意識」が足りないからだ。そして、自分というフィルターを通してアウトプットする「書き方」が身についていないからである。

　結論を言おう。この講座で学ぶことは二つある。一つは、書くプロセスを通して考えることである。それは、自分の「再発見」・「再認識」・「再構築」である。もう一つは、それを表現する技術を身につけることである。書く技術が身につけば、ものの見方、考え方が変わる。世界をみる目が変わってくる。つまり、自分はどんな教員になりたいのか、人間として、教師として、何を思い、何を大切にしていくのか。書くプロセスを経た者に教員の道が拓ける。

平成26年8月　　　　　著者一同

本書の特色

　第2版の出版に当たり、本書を活用し採用試験に合格、教員の道を歩み始めた方から「教員を目指す方々に、この本をきっかけとして**採用試験の先を見据えた勉強**を続けていただけたらと思います」といったメッセージを頂きました。「**合格者の声**」を本書巻末に載せましたので是非ご一読下さい。教員採用試験、特に論作文に不安を抱いているあなたにとって参考になることでしょう。

　教員になる覚悟を持ったその日から教員採用試験は始まっています。その覚悟があれば、誰かに伝えたい自分の考えをお持ちでしょう。しかしながら、その考えをなかなか上手に書き表すことができない、あるいは、そもそも「何を書いてよいか分からない」といった方もいらっしゃるのではないでしょうか。そこで本書の出番です。

　本書のテーマは「**考えるために書く**」です。まず、「**Ⅰ　論作文の書き方**」で、「出題者との一度限りの対話が論作文である」ことを肝に銘じながら、論作文の基本を学んで下さい。もし、あなたが「何を書いてよいか分からない」といった状況でしたら、課題山積の学校教育における最新情報「**Ⅴ　教育トピック**」で、問題意識を覚醒して下さい。それぞれの課題に対し、自分が何をすべきか、何ができるかを思い描けるようになれば、「書くこと」に一歩前進です。次に「**Ⅱ　採用試験の論作文**」の"課題に挑戦"や「**Ⅲ　論作文の事例分析とアドバイス**」の"事例分析"における具体的な素材を例に「書くこと」に挑戦して下さい。答案例や答案の分析・考察を参考にしながら、もう一度「**Ⅰ　論作文の書き方**」「**Ⅳ　論作文試験対策の実際**」を読み返してみましょう。「考えるために書く」すなわち、書くプロセスを通した自分の「再発見」「再認識」「再構築」を実践している自分に気がつくことでしょう。

　本書のもう一つの特色は、類書には見られない「**Ⅵ　教育時事主要テーマ別各自治体出題分析一覧**」が掲載されていることです。あなたの目指す自治体の採用試験対策に有効に活用して下さい。

平成28年11月　明星大学教職センター長　篠山浩文

も　く　じ

ガイダンス　～書くことは考えることである～ ………………………… ⅰ
本書の特色 ……………………………………………………………… ⅱ

Ⅰ　論作文の書き方　～4つのポイント～
　1．課題の把握　～出題者の意図を捉える～ …………………………… 4
　2．全体の構成　～基本型で書く～ ……………………………………… 6
　　⑴　序論・本論・結論～三段構成を山を見る「眼」で考える～ ……… 6
　　　①　序論の書き方～山の全景を客観的に見る「眼」～ ……………… 6
　　　②　本論の書き方～山に近づいて主観的に見る「眼」～ …………… 8
　　　③　結論の書き方～もう一度、山の全景を客観的に見る「眼」～ … 9
　　⑵　論・験・策～リアリティーで納得させる～ ……………………… 10
　　　①　「論」の書き方 …………………………………………………… 11
　　　②　「験」の書き方 …………………………………………………… 11
　　　③　「策」の書き方 …………………………………………………… 13
　3．文章・表記　～文章には「リズム」が必要～ ……………………… 14
　　⑴　接続詞を意識して文と文をつなげてリズムを出す ……………… 14
　　⑵　句読点や改行のタイミングが大切 ………………………………… 15
　　⑶　漢字と平仮名のバランスをよくする ……………………………… 16
　　⑷　言葉の重複を避ける ………………………………………………… 16
　　⑸　その他の留意点 ……………………………………………………… 17
　4．推敲　～文章に「ハサミ」を入れる～ ……………………………… 18
　　【重要】書き方講座のまとめ ………………………………………… 20

Ⅱ　採用試験の論作文
　1．教員採用試験 ……………………………………………………………… 24
　2．人物重視の教員採用試験 ……………………………………………… 24
　　①　筆記試験 ……………………………………………………………… 25
　　②　論作文試験 …………………………………………………………… 25
　　③　面接試験 ……………………………………………………………… 25

④　実技試験等　………………………………………………………　26

3．論作文試験のねらい　………………………………………………　26

①　学校教育に対する理解　…………………………………………　26

②　具体的な課題への対応力　………………………………………　26

③　教育愛と使命感　…………………………………………………　26

④　多くの関係者と連携して取り組む姿勢　………………………　26

⑤　文章表現力　………………………………………………………　27

4．論作文の実施状況　…………………………………………………　27

5．論作文の課題出題傾向　……………………………………………　27

6．論作文課題一覧　……………………………………………………　29

7．課題に挑戦　…………………………………………………………　30

⑴　学力向上　…………………………………………………………　30

⑵　心の教育　…………………………………………………………　34

⑶　生徒指導・学級経営　……………………………………………　38

⑷　特別支援教育　……………………………………………………　42

⑸　教師の資質能力　…………………………………………………　46

8．公立幼稚園の採用試験　……………………………………………　50

⑴　幼稚園教育の重要性　……………………………………………　50

⑵　幼稚園教育要領の方向　…………………………………………　50

⑶　幼稚園教育の基本と教師の役割　………………………………　51

⑷　認定こども園とこれからのシステム　…………………………　52

⑸　採用試験状況　……………………………………………………　52

⑹　小論文出題例　……………………………………………………　54

9．公立保育園の採用試験　……………………………………………　58

⑴　保育所の役割　……………………………………………………　58

⑵　保育士の使命　……………………………………………………　58

⑶　採用試験　…………………………………………………………　59

⑷　答案例　……………………………………………………………　62

Ⅲ　論作文の事例分析とアドバイス

1．事例分析　……………………………………………………………　68

⑴　教師論（教育は人なり）…………………………………………　68

⑵ 教育の目的（心身の健やかな成長を促す教育）‥‥‥‥‥‥ 72

⑶ 教育（児童生徒が将来の夢や目標を持てるようにする教育）‥‥‥ 76

⑷ 学力向上（思考力・判断力・表現力を育む教育の充実）‥‥‥‥ 80

⑸ 生命尊重の教育（自他の生命を尊重する心を育てる学級経営）‥‥ 84

⑹ いじめ問題（いじめ問題の未然防止）‥‥‥‥‥‥‥‥‥‥ 88

⑺ 生活指導（規範意識を高めるために子供とどう向き合うか）‥‥ 92

⑻ 学級集団づくり ‥‥‥‥‥‥‥‥‥‥‥‥‥‥‥‥‥‥ 96

２．過去問分析と自治体事例研究 ‥‥‥‥‥‥‥‥‥‥‥‥‥ 100

東京都　　一般選考（小学校、中学校、高等学校、特別支援学校）‥‥‥ 100

神奈川県　一般選考（小学校、中学校、高等学校、特別支援学校）‥‥‥ 102

横浜市　　一般選考（小学校、中学校、高等学校、特別支援学校）‥‥‥ 103

川崎市　　一般選考（小学校、中学校、高等学校(工業)、特別支援学校）‥‥ 104

相模原市　一般選考（小学校、中学校）‥‥‥‥‥‥‥‥‥‥ 105

埼玉県　　一般選考（小学校、中学校、高等学校）‥‥‥‥‥‥ 106

さいたま市　一般選考（小学校、中学校）‥‥‥‥‥‥‥‥‥ 107

茨城県　　一般選考（小学校、中学校、特別支援学校、高等学校）‥‥‥ 108

栃木県　　一般選考（全校種共通）‥‥‥‥‥‥‥‥‥‥‥‥ 110

Ⅳ　論作文試験対策の実際

１．論作文の要素と志願書類 ‥‥‥‥‥‥‥‥‥‥‥‥‥‥ 112

⑴ 論作文試験の意味 ‥‥‥‥‥‥‥‥‥‥‥‥‥‥‥‥ 112

⑵ 論作文の要素 ‥‥‥‥‥‥‥‥‥‥‥‥‥‥‥‥‥‥ 112

⑶ 論作文と志願書類 ‥‥‥‥‥‥‥‥‥‥‥‥‥‥‥‥ 113

２．志望動機の整理と勉強方法 ‥‥‥‥‥‥‥‥‥‥‥‥‥ 114

⑴ 志望動機を整理する ‥‥‥‥‥‥‥‥‥‥‥‥‥‥‥ 114

⑵ 出題傾向を意識する ‥‥‥‥‥‥‥‥‥‥‥‥‥‥‥ 114

⑶ 効果的な勉強方法 ‥‥‥‥‥‥‥‥‥‥‥‥‥‥‥‥ 115

３．読み手を意識した論作文 ‥‥‥‥‥‥‥‥‥‥‥‥‥‥ 116

⑴ 構成と技術が大切 ‥‥‥‥‥‥‥‥‥‥‥‥‥‥‥‥ 116

⑵ 出題テーマと向き合う ‥‥‥‥‥‥‥‥‥‥‥‥‥‥ 116

⑶ 執筆する上での心得 ‥‥‥‥‥‥‥‥‥‥‥‥‥‥‥ 116

⑷ 論作文の段落構成 ‥‥‥‥‥‥‥‥‥‥‥‥‥‥‥‥ 117

4．具体的な練習　……………………………………… 118
　　　⑴　論作文の練習に関して　……………………………… 118
　　　⑵　短時間に書きあげるコツ　…………………………… 118
　　　⑶　記述上の注意点　……………………………………… 119
　　5．試験の直前準備と確認　……………………………… 120
　　　⑴　書いた論作文の活用　………………………………… 120
　　　⑵　試験前日までの具体的準備　………………………… 120
　　　⑶　試験時間の対策　……………………………………… 121

Ⅴ　教育トピック

　　1．教員の資質能力　……………………………………… 124
　　2．基本的生活習慣　……………………………………… 126
　　3．キャリア教育　………………………………………… 128
　　4．確かな学力　…………………………………………… 130
　　5．言語活動の充実　……………………………………… 132
　　6．いじめ問題への対応　………………………………… 134
　　7．生徒指導　……………………………………………… 138
　　　　資料　平成27年度「児童生徒の問題行動等生徒指導上の諸問題
　　　　　　　に関する調査」結果　………………………… 140
　　8．体罰・懲戒　…………………………………………… 142
　　9．保護者からの苦情への対応　………………………… 144
　　10．学校安全・学校防災　………………………………… 146
　　　　資料　学校安全の推進に関する計画の策定について　概念図　…… 148
　　　　　　　「学校安全・学校防災」関係資料　………………… 149

Ⅵ　教育時事主要テーマ別各自治体出題分析一覧　……………… 151

Ⅶ　合格者の声　………………………………………………… 165

第 2 版

教員を目指す君たちに受けさせたい論作文講座

教育の見方・考え方が変わる

Ⅰ 論作文の書き方 〜4つのポイント〜

長谷川　清之

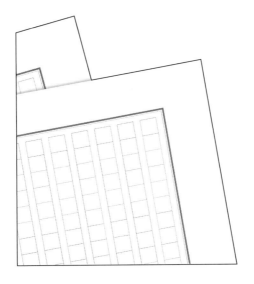

I 論作文の書き方 〜4つのポイント〜

1. 課題の把握 〜出題者の意図を捉える〜

　どのような立派な文章を書いても、出題者と向き合わなくては、相手の心を捉えることはできない。相手はどんな気持ちでこの課題を出したのだろう。相手はどんな問題意識を持っているのだろう。相手のシチュエーションを想像することが、出題者の意図を捉えることである。

　出題者との一度限りの対話が論作文であると言える。相手の顔も表情も見ることができない。質問することもできない。だからこそ、問題を熟読し、相手の思いを理解することが大切である。問題文の一字一句を丁寧に読み取る必要がある。この問題が問われる理由はどこにあるのだろう。相手はどんな人だろう。管理的な立場に立つ人かも知れない。教師の使命や責任について、児童・生徒の問題について、教科等の指導や学級経営について熟知しているであろう。また、教員の指導や学校の経営、教育行政に携わっている人かも知れない。実践的な知識や知恵、感性、教養、常識を備えた人であるはずである。間違いなく自分より経験も年齢も上である。

　この相手に自分を理解してもらうには、何に気をつけたらよいだろう。それは、聞かれたことに感度よく答えることである。「あなたの考えを述べなさい。」と問われたら、自分の考えを書く。調べたことや建前や一般論ではなく自分の主張を明確に伝える。「どう取り組みますか。」と聞かれたら、何にどのように取り組むのか、具体的な方策をあげる。説明や解説ではない、自分の主張と方策を述べることが大切である。なぜなら、相手は出題者であり、問題の背景や方策を熟知しているからである。相手と問題意識を共有し共感を得ることが重要である。

1．課題の把握　5

　例えば、「言語活動の充実のためにどのような取り組みが必要か」
という課題に対して次のような書き方はどうであろう。

> 　学習指導要領では、思考力、判断力、表現力を高めるために言語活動を
> 充実させる授業作りの大切さを示している。言葉は、人間の知的活動の
> 基盤であり感性・情緒の基盤でありコミュニケーションの基盤である。

　よくある文章であるが、相手の心を動かすことができるだろうか。
この文章にはそもそも主張がない。目新しい情報がない。このよう
な一般論ではなく、自分はどう考えたかを訴えることが大事であ
る。そのためには自分の体験や経験を掘り下げなくてはならない。
どれだけ問題に対する主張を言葉にできるか、これが“考えるため
に書く”ことである。このためには、必要な情報を操作し、整理し、
まとめることのできる幅の広い知識や教養が欠かせない。
　同じ問題に対して、次のような書き方はどうであろう。

> 　言語活動を通して知識を増やし、感じ、想像し、考えることができる。
> また、お互いに学び合うことができる。このような言語活動はその基本
> をしっかりと教える必要がある。なぜなら言語活動は生きる力の基盤で
> あり、教養や価値観や感性そのものであるからである。今、自分の気持
> ちや考えをうまく伝えられない子どもが増えている。ネット社会の進展
> とともにコミュニケーション力の育成が求められている。学習指導要領
> は、この言語活動の充実を求め国語科では言語活動例を指導の内容に位
> 置付けている。

　はるかに前の文より主張がはっきりしている。相手の心を動かす
には、説明や解説ではなく、主張することが大切である。

課題の把握のポイント
- なぜ課題が大事か。出題者の思いを想像する
- 課題の説明・解説ではなく、主張と方策を明確にする
- 必要な情報を整理し、幅の広い知識や教養を身につける

6　I　論作文の書き方

2.　全体の構成 ～基本型で書く～

(1)　序論・本論・結論 ～三段構成を山を見る「眼」で考える～

　文章をどう構成するか。構成と言えば、すぐに「起承転結」や「序破急」が思い浮かぶ。論作文の場合、「転」や「急」の面白さや結末の余韻はあまり必要がない。大切なことは、主張を早く相手に伝え、読み手の心を捉えることである。そのための書き方は、序論・本論・結論の基本型が一般的である。しかし、起承転結に比べると、書き方をイメージしにくい。そこで、序論・本論・結論を「山」を見る「眼」に例え、視覚的に捉えると分かりやすい。

　① 序論 … 山の全景を客観的に見る「眼」
　② 本論 … 山に近づいて主観的に見る「眼」
　③ 結論 … もう一度、山の全景を客観的に見る「眼」

①　序論の書き方 ～山の全景を客観的に見る「眼」～

　序論は、読み手の心を捉えるためにどんなに気を使っても足りないほど、大切な書き出しである。「主張」と「理由」、「事実」を連動させ、山の全体をどのように見たか、自分の考えを伝えるのが序論である。テレビニュースのはじめや映画の予告編、授業の導入みたいなものである。それを聞いただけで、見ただけで、ニュースの概要が分かる。映画のストーリーが想像できる。学習の見通しがもてる。つまり、山の全景を明確にするのが序論である。ここで課題に対する考え方、見方を明確にする。そして、読み手が詳しく読みたくなるような本論への期待を煽る。これが序論である。

序論には、次の三つの連動が重要である。

「主張」… 自分が相手に一番伝えたいこと。強く思うこと
「理由」… 相手に伝えたい理由、根拠
「事実」… 理由を補完する時代背景や客観的な事実、体験・経験

例えば、「言語活動の充実のためにどのような取り組みが必要か」という課題について、三つの連動は次のようになる。

主張	言葉を通してよく感じ、考え、想像し、よく学ぶ子どもを育てることが大切である。このためには、言語環境を整え計画的な指導が
理由	必要である。なぜなら、言語活動を通して必要な知識や思考力や判断力、想像力を養うことができるからである。今、自ら学び、判断
事実	し、よりよく問題を解決する力の育成が求められている。この基盤となるのが言語活動であり、指導要領では言語活動を充実することが配慮すべき事項として示されている。

「事実」→「理由」→「主張」でもおかしくない。

事実	今、自ら学び、判断し、よりよく問題を解決する力の育成が求められている。この基盤となるのが言語活動であり、指導要領では言
理由	語活動を充実することが配慮すべき事項として示されている。なぜなら、言語活動を通して必要な知識や思考力や判断力、想像力を養
主張	うことができるからである。言葉を通してよく感じ、考え、想像し、よく学ぶ子どもを育てることが大切である。このためには言語環境を整え計画的な指導が必要である。

序論の書き方のポイント

「理由」、「主張」、「事実」でもよい。この場合、接続詞や助詞を補う。序論は課題に対する考えを述べる。三つの連動がベストだが、「主張」・「理由」、「事実」・「理由」でもよい。これを基本として、短く、簡潔に書く。

8　Ⅰ　論作文の書き方

②　本論の書き方　～山に近づいて主観的に見る「眼」～

　本論は、序論で書いた「主張」を具現化する取り組みである。近くから山を主観的に見る「眼」である。自分が取り組みたいこと仮説として見出しにする。これが「柱立て」である。なぜこの仮説が大事か、この理由を、「大切である。」、「～重要である。」、「～必要である。」と言い切る。次に仮説を設定した根拠となる経験談や実践例を「～した。」、「～だった。」、「～があった。」と書く。これを「このことから～」、「この経験から～」、「このことを踏まえて～」、「このことを生かして～」とつなげる。最後に、「～する。」、「努力する。」、「～尽くす。」、「～取り組む。」と、具体的に方策や取り組みを書く。これが本論である。

　本論は、「柱立て」、「論」、「例」、「策」と展開する。

柱立て … 主張を実現するための仮説や考えの見出し
　　　　　本論の見出し　一文、体言止め、どちらでもよい
　　論 … 主張を具現化するための仮説や考え
　　　　　「～と考える。」、「～大切である。」、「～重要である。」
　　　　　「～必要である。」、「～べきである。」
　　例 … 仮説のよって立つ経験談や実践例
　　　　　「～した。」、「～だった。」、「～があった。」
　　　　　「～分かった。」、「～実感した。」、「～痛感した。」
　　策 … 仮説を実証するための方策や取り組み
　　　　　「～する。」、「～努力する。」、「～尽くす。」、「～取り組む。」

　本論は、主観の「眼」で山の細部を見る。仮説や経験談、方策にリアリティーがある。その人となり人物像が現れる場面である。これが読み手の共感や理解につながる。

　次の本論の柱1.は230字程度である。1,000字なら本論を6割とすると、柱で1行とっても二つの柱を立てることができる。

柱立て	1．言語活動の環境を整える
論	私は、教師が最高の言語環境であると考える。教師がよい見本
	となり、計画的な指導を積み上げ言語活動の環境を整えていくべ
例	きである。実際にインターンシップに行った学校で、子ども達の
	正しい言葉遣いやマナー、話すこと・聞くことの能力や態度の違
	いは、教師の言語感覚と日々の指導によるものであることが分
策	かった。このことから、まず、自身の言語感覚を磨きよき見本を
	示す。そして、話すこと・聞くことのマナーや基礎的、基本的な
	言語活動の環境づくりに計画的に努める。そして、話をよく聞く
	ことができ、自分の思いを安心して話し合える学級作りに取り組
	む。

　二つ目の柱を例えば、「2．言語活動の技術等の基礎・基本を計画的に教える」と仮説を立て、同じように書く。

③　結論の書き方 〜もう一度、山の全景を客観的に見る「眼」〜

　次が結論である。また山の全景を客観的に見る「眼」にもどす。本論で二つの仮説を書いたが、これ以外に大事なことは何か、客観的に全体をまとめる。「その他〜が大切である。」「書いてきたが〜も考えられる。」全体を総括し思いを述べる。これは、課題に対する自分自身の強い意志であり、意欲である。

　「〜に臨む。」、「〜に尽くす。」、「〜の覚悟である。」、「〜の決意である。」と、力強く結ぶ。

🌸　本論・結論の書き方のポイント
- 本論は、論・例・策とリズムよく書く
- 結論は、全体をまとめ、自分の決意を書いて締める

⑵ 論・験・策 ～リアリティーで納得させる～

　文章にリアリティーがある、これが読み手に感動を与える。経験談や実践例は書き手のオリジナルなものである。人柄や考え方、生き方が表れる。その人が何を考え、何に挑戦してきたか、経験や実践を基にして何に取り組もうとするのか、これを明確にすることが、相手に自分を理解してもらうことになる。

　論作文の目的が人物理解と表現力や教育課題についての見識を問うものなら、もう少し背伸びをしないで書くことができないか。序論、本論、結論の「本論」の柱は、課題に対する仮説である。これから教師を目指す学生にはハードルが高い。なぜなら、「論」の基となる経験談を僅か数行で表現しなくてはならないからだ。それでも教師を目指す以上、越えなくてはならないハードルではあるが、実践経験の無い仮説よりも、自分の体験を掘り下げて、自分は何に取り組むのか、「策」を書いた方がリアリティーが出るのではないか。

　今までの自分の体験を掘り下げて、課題についての方策を考える次のような「論」・「験」・「策」の構成を考えてみる。

　　論 … 課題に対する自分の主張
　　　　「～と考える。」、「～大切である。」、「～重要である。」
　　　　「～必要である。」、「～べきである。」
　　験 … 体験の掘り下げ
　　　　「～した。」、「～だった。」、「～があった。」
　　策 … 自分の取り組み
　　　　「～する。」、「～努力する。」、「～尽くす。」、「～取り組む。」

① 「論」の書き方

　序論・本論・結論の「序論」に当たるものである。「主張」・「理由」・「事実」を連動させ自分の考えを相手に伝える。「序論」と同じ考えでよい。

　次の問題について、「論」の書き方の例である。

> 　採用直後の４月から学級担任になることが、小学校の最大の特徴です。責任は重いのですが、その分やりがいも大きいものです。学級担任として任された子供たちが、安心して学校生活を送れるようにすることはもちろん、学力の向上を図っていくということの責任の重さを自覚し、大きな気概をもって子供たちと向き合っていきましょう。あなたはこのことをどのように捉えますか。あなたの取り組みをあなたの校種に即して具体的に述べなさい。　　　　　　　　　　　　　　（1000字）

主張 理由 事実	よく学び、よく遊ぶ。友だちと仲良く生活し、それぞれの良さが発揮されている。こんな学級を実現することが教師の責任であり、この学級づくりに気概をもって取り組まなくてはならない。なぜなら、教師がこの自覚を欠いたり、指導力不足では、子どもが安心した学級生活を過ごすことができないからである。実際に子どもたちの学習意欲の低下が心配され、いじめや不登校の問題が解決できていない。また、学級崩壊や体罰等が社会問題となっている。

② 「験」の書き方

　「験」の意味はもともと、証拠によって確かめる。ある事を行ったことによる効き目、効果である。問題文のキーワードである「責任の自覚と気概」についての似たような体験や経験がないか。自分の体験や経験を掘り起こし考える。

12   I　論作文の書き方

| ① 小学校の頃の自分の体験 … あの時の学級担任は～ |
| ② インターンシップで経験したこと … 見てきた子ども　先生　学級～ |
| ③ 部活やボランティア … 部長として何を経験したか～ |
| ④ サッカーの監督や野球の監督 … どのように指導しているか～ |
| ⑤ 出会った先生 … 尊敬する先生　先生の良さ　すごさ～ |
| ⑥ 宿泊で引率したこと … 子どもとどう接することが大事か～ |
| ⑦ 学習支援 … 先生の学級作り～ |
| ⑧ 部活のコーチ … コーチとして指導した経験～ |

　「責任」、「自覚」、「気概」は何をするにも大事なことである。③
は、部活であるが、この４年間、自分が「責任」・「自覚」・「気概」
をもって一番頑張ってきたことである。この体験を掘り下げる。

| 体験 | 　私は、高校、大学とラグビーをしてきた。特に大学三年には、キャプテンを務めた。この体験を通して次のことを学んだ。人は性格も能力も違う。だからこそそれぞれの役割や分担がある。目的の実現にはチームワークが大事である。一人一人が目的を持って技量を高める練習が大事である。 |
| 掘り下げ | 　リーダの責任とは、部員とコミュニケーションをとり、理解すること。そして目的に向かって心を揃えること。課題を見つけ、課題解決の方法を明確にすることである。相手が納得できるアドバイスを心がけることも重要である。中でも自ら率先して範を示し、信頼関係をつくることが最も大事である。今、共に汗を流し、涙を流した日々は私の大切な経験となっている。 |

🌸「験」の書き方のポイント
•体験・経験を掘り下げて、キーワードを考究する
•「このことを生かして」と「策」へ続ける

③ 「策」の書き方

「策」は、「論」で書いた「主張」を、どのように具現化するか、教師の立場で書く。先の「序論」、「本論」、「結論」の「本論」の「策」に当たるところである。

方策1	このことを生かして、私は、子どもが安心して生活し、学力を伸ばすことのできる学級づくりに、次のように取り組む。まず、チームワークのいいクラスをつくる。学級の目標に向かって協力できる子どもの育成に努める。それぞれの役割や居場所のある学級にする。次に、授業を充実させ学力の向上を図る。このために、
方策2	子ども理解に努め、教材研究や教材の準備を怠らないようにする。教師に必要な知識や技術を吸収し、どのような学級にするのか、どのような授業をするのか、説明責任を果たす。
その他	以上二点を述べたが、その他にも、休み時間や放課後は子どもと遊び、子どもとの交流を大切にする。また、勉強と遊びのけじめのつく明るい学級を目指す。二度とない子ども時代を共に過ごす責任感と気概をもって、信頼に応えられるようにする。自分に
決意	与えられた時間を有効に過ごすために、学級作りのプランをつくり、子どもの自主的、自治的な力を育て、子どもが安心して過ごせる学級の実現に全力を尽くす。そのために自分を日々新たにす
まとめ	る。

「策」は、「論」、「験」を踏まえ、山に近づいて主観的に見る「眼」で具体策を書き、最後にまた客観的に山を見る「眼」で結ぶ。教師になったらどんな学級をつくっていくか。学級担任として任された子どもたちが、安心した学校生活を送れるようにするために何に取り組むか、学力の向上を図っていく方策や抱負を具体的に述べる。

最後に、教師としての自分の抱負や決意を力強く述べて全体のまとめをする。

14   I　論作文の書き方

3. 文章・表記 ～文章には「リズム」が必要～

⑴　接続詞を意識して文と文をつなげてリズムを出す

　論作文を読んでいつも感じることがある。それは、読みやすさと読みにくさである。リズムよく読める。すらすら読めない。この原因は何か。一つは構成であり、もう一つは表現・表記である。内容は間違っていない。しかし、何か引っかかる。

　今日、変化する社会において、少子高齢化や都市化、国際化、情報化などが進み、いじめや不登校など児童の問題行動も広がっている。これら子ども達を取り巻く環境により適応、改善ができるためにも、これまで以上の国語力の向上が求められている。

　これはよくある文章である。言いたいことは何となく分かるが引っかかる。「今日、変化する社会において、少子高齢化や都市化、国際化、情報化などが進み、」ここで読点を打ち「いじめや不登校など児童の問題行動も広がっている。」とつなげている。文のつながりはどうであろう。読点の代わりに接続詞を入れてみる。「だから」、「そして」、「つまり」どれもしっくりこない。「少子高齢化や都市化、国際化、情報化などが進み、」「いじめや不登校など児童の問題行動も広がっている。」のそれぞれは読めるが、つなげると意味が通らない。文のつなげ方、つまり論理がおかしいのである。論理を通すには接続詞を使って考えるとよい。

　次の文になると更に意味不明になる。「これら子ども達を取り巻く環境により適応、改善ができるためにも、これまで以上の国語力の向上が求められている。」どうして「これら子ども達を取り巻く環境により適応・改善ができる」と「国語力の向上」と関係するのであろうか。「これら子ども達を取り巻く環境に適応、改善ができるためにも…」この表現もおかしい。「適応」、「改善」は本人は分かって書いているが、読み手には分からない、つまりすらすら読め

ない言葉である。

　このように、思いついたことをそのまま文にすると支離滅裂な文章になってしまう。話し言葉は、目の前に聞き手がいて、その場の状況や言外の気持ちや考えを相手が聴き取ってくれる。文章の場合は、相手が目の前にいない。顔も表情も見えない、文章だけで相手とコミュニケーションしなくてはならない。すなわち、相手に伝えるためには文章・表記を意識することが必要である。相手に論理が伝わるか、そのためには、文と文をどうつなげるか、接続詞を意識することが大事である。

　次の例文の文と文の論理を、接続詞を意識して考えてみよう。

> 　国語の果たす役割は極めて広範囲にわたり、文化の基盤である国語の重要性はいつの時代においても変わらない。その意味で、国語力の向上に不断の努力を重ねることは時代を越えて大切なことである。しかし、人々の生活を取り巻く環境がこれまで以上に急速に変化していくことが予想される。これからの時代を考える時、国語力の重要性を改めて認識する必要がある。

⑵　句読点や改行のタイミングが大切

　次に、文章に意味をもたせたりリズムを出したりするためには句読点や改行のタイミングが大切である。次の文を読んでみよう。

> 日本語は世界一美しい言語である。
> 日本語は、世界一美しい言語である。
> 日本語は、世界一、美しい言語である。

　「日本語は世界一美しい言語である。」を区切らず読むと「日本語」が強調される。「日本語は」で切ると、「世界一」に注意がそそがれるだろう。「日本語は」「世界一」「美しい言語である。」読点を打てば、それぞれが強調される。読点を打つことでそこに意味をもたせ

16   Ⅰ　論作文の書き方

ることができる。

> 　国語力を効果的に・効率的に向上させるために学校教育だけでなく、家庭や社会における国語教育が重要である生涯学習的な観点を大切にすることと家庭や地域において、コミュニケーションを増やす努力が大切なコミュニケーションを重視することが基本的な考え方である。

　例文はリズムよく読めない。意味がよく分からない。見た目でも視覚的なリズムがない。国語力を向上させるためには、学校だけではなく家庭や地域でのコミュニケーションを増やすことが大切であると言いたいのであろう。一行に一つは句読点が欲しい。また文章を短くし、接続詞を使いたい。次の文を書く時は改行をしたい。

　しかし、この文章を書いた者からすると、文意は明確である。だから文をだらだらと続けてしまう。句読点は必要ないのである。これを防ぐためには、自分の書いた文章を音読することが大事である。音読することで、自分の文章を客観的に見直すことができる。句読点や改行に留意して、文章・表記を点検する。

⑶　漢字と平仮名のバランスをよくする

　句読点、改行等の他、漢字と平仮名のバランスをよくすることが大事だ。漢字はキーワードのような働きをすることが多い。漢字ばかりだと読みにくい。ひらがなだと間が空きすぎる。漢字は見た目にも画数が多く、表意文字として目を引く。平仮名の中に漢字が散らばるようなバランスを図る。

⑷　言葉の重複を避ける

　言葉の重複に注意する。例えば語尾が、「〜だ。」、「〜だ。」の連続ではリズムが悪い。「〜である」と変化を与える。「〜が大切だ。」「〜が大切である。」、これもリズムが良くない。「〜が重要であ

る。」、「〜が必要だ。」、「〜考える。」、「〜べきである。」と同じ言葉の重複を避けるとリズムが出る。同様に、自分の取り組みを述べる場合「〜していきたい。」、「〜努力する」、「〜取り組む。」、「〜努めたい。」、「〜尽くす。」と変化をつけてリズム感を出す。

(5) その他の留意点

　文は、「〜である。」、「〜だ。」と常体が基本である。敬体「です。」、「〜ます。」と混同・混用を避ける。記号「！」「？」「…」等は使わない。算用数字は縦書きでは原則として不可。横書きの場合は使ってもよい。慣用句や数量的な意味が薄いものは漢数字を用いる。「一人一人」、「一番」等の用語。また、次のような俗語や流行語、略語、文法的におかしい言葉は使わない。

- バイト　ファミレス　シュウカツ（就活）　マジ
- 英語トカヤバイ　私的には…　値段的…
- ビミョー（微妙）　べつに…　…みたい　…かも
- やばい　ださい　うざい　きもい
- なにげに　食べれる　すごいおもしろい

〈原稿用紙の書き方〉
- 一文字、句読点もカッコも一マスを使う。ただし、句読点は行の初めには打たない。
- 書き出し、段落の初めは一マスあける。
- 横書きの場合の算用数字は、2ケタ以上の場合は一マスに2字とする。

🌸　文章・表記のポイント
- 論理を接続詞を意識して考える
- 音読し、文章・表現を点検する
- 漢字と平仮名のバランス、言葉の重複、文体、用語に留意する

4. 推敲 ～文章に「ハサミ」を入れる～

　この章は推敲あるいは点検に当たるものである。推敲・点検とは、文章を練り直す、論旨の一貫性を確認したり誤字脱字をチェックしたりすることが一般的である。ではなぜこれらの言葉を使わないで、「ハサミ」を入れることにしたのか、ここにこの章を起こす意味がある。「ハサミ」を入れるとは、「切り」、「貼り」、「足す」ことである。言い換えれば、情報の操作つまり「整理」・「加工」である。

　書く前には、あれも書きたい、これも書きたいと思い浮かぶ。これを切り落とし整理する。最後に残ったことが本当に書きたいことである。読み手からみると、何を言いたいのか、読む意欲を失う文章は、書き過ぎるからよく分からなくなるのである。相手に伝わる文章にするためには、思い切って「ハサミ」を入れなくてはならない。書くことを選ぶことが大事である。

　書き上げた後、文章は冗長でないか。意味が通っているか。リズムがあるか。文、文章を切り、貼り、足す。このプロセスは、自分自身を「再発見」・「再認識」・「再構築」することである。この時、前に書いた文章の方がいいのではないかと迷うことがある。過去も今もどちらも自分である。こんな時は、第三者の意見を聞いたり批評を受けたりするとよい。

　書くことの表現技術を身につけることで、自分のものの見方や考え方、世界を観る目を変えることができる。つまり、自分はどんな教員になりたいのか、教師として、何をしたいのか、何を大切にしていくのか。これが文章に「ハサミ」を入れることの本質的な意味である。

　採用試験は一度の機会であるが、このプロセスが大事である。教育観を確認し、指導観、児童観、学級経営観を確固とする。このためには何度も何度も繰り返し、自分の文章に「ハサミ」を入れることが必要である。

4．推敲　19

🌸 推敲のポイント

１．課題、時間、字数の三つの条件に留意する

　　時間と字数が制限されている。内容は課題に相対したものでなくてはならない。準備はこの条件を踏まえて行う。ただし、準備段階では、じっくり考えて書き上げる。

２．課題に対する自分の考えは明確であるか

　　まず、序論の書き方に注意する。主張と理由、事実が連動しているか。主張を具現化する仮説とまとめの論理が通っているか。

３．段落分けは適当か

　　一つの段落は、一つの内容によって構成するのが原則である。論点が変わったら段落を変える。そうすることで論理の展開が分かりやすくなる。

４．文章の構成ができているか

　　「序論・本論・結論」、「論・験・策」等の文章の構成ができているか。

５．「論」は「論・例・策」で展開する

６．根拠となる事実が適切か

　　主張の基となる体験、経験、時代背景、資料等の整合性があるか。重複を避ける。

７．多面的に問題を追究しているか

　　取り組みは具体的であることが大切であるが、観点を変えて多面的にする。

８．書き上げた論作文を音読する

　　論作文を音読する。これは、客観的に観ることである。能の「離見の見」に通じる。

９．第三者から指導を受ける

　　認識や視野を広げ深めるためには絶対に必要なことである。思い込みや独善を避けるために大切である。試験対策であるが、真の目的は自立した教師になるための準備をすることである。

20   I　論作文の書き方

（重要） 書き方講座のまとめ

1．課題の把握 ～出題者の意図を捉える～

- 出題者との一度限りの対話が論作文である
- 問題文の一字一句を丁寧に読み取る
- 聞かれたことに感度よく答える
- 説明や解説ではない、自分の主張と方策を述べる

2．全体の構成 ～基本型で書く～

序　論	主張・理由・事実	論	主張・理由・事実
本　論	具体的な方策 ● 柱1　論　例　策 ● 柱2　論　例　策	験	体験談・経験談・実践例 ● 考えたこと ● 生かしたいこと ● 取り組みたいこと
結　論	補足　第三の柱 まとめ	策	具体的な方策 まとめ

論・例・策の文末・例から策に連結する言葉

論	～考える　　　　～べきである　　～大切である ～重要である　　～肝心である　　～必要である ～ねばならない
例	～である　～であった　～した　～だった
連結言葉	このことから～　　　　　　この経験から～ このことを踏まえて～　　このことを生かして～ この体験から～　　　　　　止揚して～
策	～していきたい　～努力する　～取り組む ～努める　　　　～尽くす

3．文章・表記 〜文章には「リズム」が必要〜

- 論理を通すには接続詞を使って考える
- 句読点や改行のタイミングが大切である
- 書いた文章を音読することが大事である
- 漢字と平仮名のバランスをよくする
- 言葉の重複を避けてリズムを出す
- 文は、「〜である。」、「〜だ。」と常体が基本である
- 記号「！」「？」「…」等は使わない
- 算用数字は縦書きでは原則として不可
- 慣用句や数量的な意味が薄いものは漢数字を用いる
- 俗語や流行語、文法的におかしい言葉は使わない

〈原稿用紙の書き方〉

- 一文字、句読点もカッコも一マスを使う。ただし、句読点は行の初めには打たない
- 書き出し、段落の初めは一マスあける
- 横書きの場合の算用数字は、2ケタ以上の場合は一マスに2字とする

4．推敲 〜文章に「ハサミ」を入れる〜

- 「切り」、「貼り」、「足す」。情報を「整理」・「加工」する
- 文に「ハサミ」を入れ、「再発見」・「再認識」・「再構築」する
- 第三者の意見を聞いたり批評を受けたりする
- 教師として、何をしたいのか、何を大切にしていくのか、これが文章に「ハサミ」を入れることの本質的な意味である
- 繰り返し音読し、自分の文章に「ハサミ」を入れる

II 採用試験の論作文

宮本　登

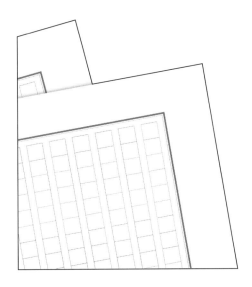

Ⅱ　採用試験の論作文

1．教員採用試験

　学校教育に関するニュースが毎日のように新聞やテレビで報道され、社会の関心は高い。国民は次代を担う子どもたちの健やかな成長に熱い視線を送り、学校や教師に対して大きな期待を寄せていることがうかがえる。

　社会の急激な変化に伴い、学校教育が直面している課題は山積しており、今後も増え続けていくものと予想される。その解決のためには学校は組織を挙げて取り組む必要があり、何よりも一人一人の教師力が鍵を握っている。

　学校教育の現場で求めているのは、使命感にあふれ、様々な課題と真剣に向き合い、その解決に熱意を傾ける教師である。更に人間性や専門性にも優れ、即戦力として活躍できる人材を待ち望んでいる。これから教師を志す若者は超少子高齢社会の真っただ中を生き、この社会を支える役目を担うことになる。当然のことながら勤務年数も延長される可能性が予想され、長きにわたって子どもの指導に携わる教師には、将来性や可能性も大切な資質と考えられる。

　優れた人材を採用すべく、いずこの自治体でも採用試験に創意工夫を凝らしている。その結果、選考方法に改善が加えられ、変更されている自治体が多い。採用側の願いは、優秀な人材を数多く採用し、そして採用したかけがえのない人材を育成していくことで「信頼される学校」づくりを推進することにある。

2．人物重視の教員採用試験

　人を的確に評価するのは容易ではなく、一つの物差しだけで測ることには限界が生じる。いくつかの尺度で測るとともに、多くの目

で評価することで、より確かな人材の確保が可能になる。民間の採用試験においては、何回にもわたって選考が繰り返され、企業に必要な人材を絞っていく事例が多く見受けられる。教員採用試験に関しては日程や面接官の確保等の制約もあり、多くの場合、選考試験を２回実施して結果を出している。一次試験を通過した志願者（通例、採用予定数のおおよそ２倍を一次合格者としている）を対象に二次試験が実施されている。

　次に試験の内容について見ていくことにする。自治体によっても異なるが、おおよそ次のような実施例が一般的である。

① **筆記試験**

　ア　**一般教養**

　　幅広く教養が問われる。児童生徒を指導していく上で身につけておく必要のある一般常識を中心にして、時には時事問題や地域に関わるニュース等も出題されている。

　イ　**教職教養**

　　教職に必要な知識が出題される。

　　教育原理、教育法規、教育心理、教育史、教育時事等。

　ウ　**専門教養**

　　志望している教科の専門知識が問われる。

　　小学校においては全科。

② **論作文試験**

　論作文を通して教育や教師に対する考え方や意欲、また課題解決に向けた取組み策を問うことで教師としての適性を判断する。

③ **面接試験**

　面接官が直接に志願者と向き合い、口頭試問等を実施することで人物評価を行う。実施方法は２〜３人の面接官が個人面接の形態で行う方法以外にも、集団面接や集団討論等が導入されている。

　人物に重きを置いた採用試験の傾向が一層強まり、一次試験から面接を取り入れる自治体が大幅に増していくものと予想される。

26　Ⅱ　採用試験の論作文

④　実技試験等

　校種や教科によっては、ピアノ、デッサン、水泳、英語、実験等の実技を試す自治体がある。また、少数ながらクレペリン検査やＹＧ性格検査等を実施する場合も見受けられる。

3.　論作文試験のねらい

　多くの都道府県（政令指定都市）の教員採用試験で論作文が実施され、その出来不出来が合否に大きな影響を与えている。なぜ論作文が選考において重きをなしているのだろうか。その理由は、教師としての資質・能力を測る上で論作文は有力な手立てとなるからである。具体的には次のような視点で論作文は評価される。

① **学校教育に対する理解**

　ア　学校教育に関わる多様な課題を把握し、その重要性を認識している。

　イ　社会の動向に目を向け、学校や教師に対する保護者等の要望を受けとめている。

　ウ　インターンシップ・ボランティア活動や教育実習等の体験を踏まえ、児童生徒の実態を把握している。

② **具体的な課題への対応力**

　ア　机上の空論ではなく、実行可能な方策を提案している。

　イ　若手教員として課題解決に向けて意欲的な姿勢が見られる。

③ **教育愛と使命感**

　ア　教職に対する使命感や誇り、子どもに対する愛情や責任感があふれている。

　イ　課題を真剣に受け止め、誠実に取り組む姿勢と謙虚な人柄が伝わってくる。

④ **多くの関係者と連携して取り組む姿勢**

　ア　組織の一員としての自覚のもと、協力して課題解決に向かう姿勢がうかがえる。

イ　課題解決には保護者の理解と協力が不可欠であり、そのために努力を惜しまない姿勢が表れている。

⑤　**文章表現力**

ア　読みやすい文章であり、表記等も確かである。

イ　ものごとを筋道立てて考え、論理的思考力に優れている。

4．論作文の実施状況

　平成26年度（25年夏実施）教員採用選考における論作文試験の実施状況は次のようになっている。

- 一次試験に論作文試験を実施　→　15
   （なお3自治体については採点は二次試験で行う）
- 二次試験で実施　　　　　　　→　37
- 未実施　　　　　　　　　　　→　15

　論作文の採点には時間と労力を要する結果、上記の通り、一定の人数に絞った後で実施している自治体が多い。**出題形式や字数、また時間も自治体により様々であり、志望先の過去問題等を下調べしておくことが必要になる。** 例えば字数では600〜800字が一般的であるが、自治体によっては約200字から1000字と大きな開きがある。**昨今では新たに実施方法や内容を変える例も少なくなく、試験当日は変化に対応できる力も試されることになる。**

5．論作文の課題出題傾向

　多くの自治体では教員採用試験の合否の発表を10月前後に行っており、合格通知を手にしてから半年足らずで教壇に立つことになる。そのため、選考では即戦力として期待できるかどうかも重要なポイントになってくる。面接選考で場面指導が多く取り入れられるようになってきた背景もここにある。

　論作文でも同様の傾向を示している。様々な教育課題を取り上

28　Ⅱ　採用試験の論作文

げ、それをどのように受けとめているのか、そして課題解決に向けてどのような取組み策を取っていくのか、具体策を問う出題が多く見られる。中には具体的な状況を示し、「このような場合、あなたは学級担任としてどのように対応するか」を問い、実践力を試そうとする問題も増加する傾向にある。なお、論作文の出題形式としては、次のようなものが一般的である。

　今日、○○○が学校教育の大きな課題になっています。この課題をどのように受けとめますか。児童生徒の実態や社会背景等にも触れ、あなたの考えを述べなさい。
　また、この課題解決のためにどのような取組みを行っていきますか。具体的に記述しなさい

　テーマに関しては、29ページに記したように幅広く出題されている。それ以外にも以下のような出題例がある。

ア　自治体（教育委員会）の教育方針
　各自治体では教育振興計画等の教育施策を打ち出しているが、それに関連した問題が出される場合がある。どのようなプランが示されているか、事前に研究しておくことが肝心である。

イ　長文読解
　文章を読んで、その内容を批判したり、感想を述べる問題である。筆者の主張している要点を把握する読解力と、それに対して、教育の視点に立って自らの考えを記述できるかどうかが試される。

ウ　グラフの読み取り
　全国の青少年を対象に実施した意識調査の結果をグラフに表した資料をもとに出題している例がある。グラフから問題点を浮き彫りにし、児童生徒の指導にどのように生かしていくかが問われる。

エ　抽象題
　「命の大切さ」というテーマで、生徒に伝えたいことを記述するような問題が過去にあった。また「希望」や「旅」の言葉が与えられ、それについて自由に記述する出題例もある。

6．論作文課題一覧

Ⅰ　学習指導

① 学力向上　　② 確かな学力　　③ 基礎・基本
④ 分かる授業　　⑤ 楽しい授業　　⑥ 体験学習
⑦ 課題解決学習　　⑧ アクティブ・ラーニング
⑨ 言語活動　　⑩ 思考力・判断力・表現力
⑪ 学習意欲　　⑫ 学力格差　　⑬ 学習習慣

Ⅱ　心の教育

① 道徳教育　　② 豊かな心　　③ 思いやり　　④ 感謝
⑤ 人間尊重の精神　　⑥ 命の教育　　⑦ 公共の精神
⑧ 向上心　　⑨ 規範意識　　⑩ 伝統と文化

Ⅲ　生徒指導・学級経営

① 生きる力　　② 自己指導能力　　③ 基本的生活習慣
④ コミュニケーション能力　　⑤ 人間関係づくり
⑥ 児童生徒理解　　⑦ 自己有用感　　⑧ いじめ・不登校
⑨ キャリア教育　　⑩ チャレンジ精神　　⑪ 学級経営の充実
⑫ 食育　　⑬ 安心・安全　　⑭ 家庭・地域との連携

Ⅳ　特別支援教育

① 特別支援教育　　② 特別支援学級との交流教育
③ 発達障害のある児童生徒の支援

Ⅴ　教師の資質能力

① 教師に必要な資質　　② 信頼される教師　　③ 確かな授業力
④ 豊かな人間性　　⑤ 教育愛・使命感
⑥ 粘り強く取り組む姿勢　　⑦ 社会性　　⑧ 教師の不祥事
⑨ 教師間の連携　　⑩ トラブル解決能力
⑪ 学び続ける教師

7. 課題に挑戦

(1) 学力向上

　「教師は授業で勝負する」との言葉に代表されるように、多岐にわたる職務の中でも、学習指導はその中心に位置づけられる。学習指導が効果的に進められることで学級経営も軌道に乗り、周囲の信頼も厚くなっていく。**保護者の最大の願いは我が子の学力向上にあることを肝に銘じ、授業改善に取り組む必要がある。**

　国民一人一人が高い学力を身につけることを通して、社会の発展を目指していくことは、資源の少ない我が国に与えられた宿命である。従って子どもの学力問題は単に教育の問題にとどまらず、広く国づくりに直結する課題であり、国民の関心も高い。また学力は「生きる力」を知的な側面から支える重要な柱であり、生涯学習時代に生きていく者にとり、なくてはならないものである。

　しかし国際学習到達度調査（PISA）等の結果から日本の子どもたちの学力が低下している事実が判明し、大きな社会問題になった。最近では各学校の学力向上に向けた取組みの成果も表れ、一定の回復傾向が見られるものの、まだ満足できる状態には至っていない。とりわけ「**読解力や記述式問題に課題があり、学習意欲や粘り強く課題に取り組む姿勢が十分に育っていない**」との PISA の指摘を真正面から受けとめる必要がある。更に、学力格差が広がる傾向も見受けられ、確かな学力を一人一人の子どもに身につけさせることが、学校教育の大きな課題である。

　ここで改めて学力とは何かを確認しておく。学校教育法や学習指導要領では学力の重要な要素として以下の三つを挙げている。

① 基礎的・基本的な知識・技能
② 知識・技能を活用して課題を解決するために必要な**思考力・判断力・表現力**
③ 学習に取り組む**姿勢**

知識・技能の確実な定着とこれを活用していく力の育成を両軸に

して、三つの要素が効果的に結び付くことで学力が育まれる。

（ア） 基礎・基本

　人が考え判断していく際に、まず必要になるのは知識である。我々は様々な知識を駆使して日々生活している。2005年の中央教育審議会答申では21世紀を知識基盤社会と位置づけた。その中で「新しい知識・情報・技術が政治・経済・文化をはじめ、社会のあらゆる領域での活動の基盤として飛躍的に重要性を増す」と指摘している。**知識・技能をおろそかにせず、既存のものを確実に習得するとともに、新たな知識・技能を獲得しようとする意欲が期待される。**

　いわゆる基礎・基本とは、読み・書き・計算など、基礎的かつ基本的な知識や技能を意味するが、基礎的・基本的な事項には次のようなものが挙げられる。

- **社会人として生活していく上で必要になり、活用できるようにしておくことが望ましい知識・技能**
- **学習を深め、発展させていく上で、共通の基盤として習得しておくことが期待される知識・技能**

〈出題背景〉

① 基礎学力は生きる力の基盤であり、確かな学力の定着は学校の最大の使命ある

② 情報機器で簡単に入手できるとの安易な考えも手伝い、知識を地道に習得しようとする努力が足りない

〈取組み策〉

① 学習目標を明確にし、指導内容を精選する

② 重要な内容については繰り返し学習等を行い、知識・技能を確実に身につけさせる

③ 体験学習の導入等、学習指導の工夫を通して学習意欲を高める

④ 必要に応じて少人数指導や補充学習を実施し、個に応じた指導を充実させていく

⑤ 互いに協力し励まし合える学級をつくり、学習環境を整える

⑥ 適量の宿題を課し、学習内容を確実に身につけさせる

（イ）　思考力・判断力・表現力

　21世紀に突入してから社会が激しく変化してきている。先行きが見えづらい昨今であるが、この社会を生きていくためには自ら学び、主体的に判断して行動し、問題を解決していく資質や能力等の生きる力が何よりも大切になる。

　教育は学校教育だけで完結するのではなく、生涯を通して学び続ける意欲や態度が今後ますます重要になる。そのため、生涯学習の土台づくりを進めることが学校の役割と考えられる。とりわけ数多くの情報が氾濫している今日では、必要な情報を効果的に活用して進んで学習したり、学習の進め方を習得する等、いわゆる自己教育力の育成が学校に期待されている。

　PISA で求めている読解力とは、**情報を取り出す力・情報を理解する力・情報を判断し、評価する力・それに対して自らの考えを論述する力等を意味している。以上の能力を培うために打ち出されてきた理念が思考力・判断力・表現力である。**基礎的な知識や技能を単に習得だけにとどめず、それを活用する力が求められている。換言すれば、活用する目的で習得した知識・技能と言えよう。

〈出題背景〉

①　変化の激しい時代に対応するためには、既存の知識・技能だけでは通用しない
②　課題と向き合い、自ら考え、行動できる人材が求められている
③　他人に頼る傾向が児童生徒に見受けられ、自分の頭で考えようとしない傾向が見られる

〈取組み策〉

①　児童生徒が主体的に考え、活動できる学習活動を推進する
②　発問を工夫し、児童生徒が頭を使って考える機会を増やす
③　グループ活動を取り入れ、互いに刺激し合い、考えさせる
④　課題解決型学習を積極的に導入する
⑤　討論やディベート学習を取り入れ、思考力や表現力を高める

（ウ）　学力格差

　児童生徒により学習意欲や課題に対して粘り強く取り組む姿勢に大きな差が見られ、その結果学力格差を招いている。その背景には、若者の厳しい就職状況をはじめとして、夢や希望がもちづらい昨今の世相が挙げられる。日本経済の低迷が子どもに影響し、「今日の学習が明日につながる」との実感がもてない児童生徒が増え、学習から逃避する傾向が見られる。学びに対する姿勢や態度は人の生き方を左右する重要な鍵であり、由々しき事態と言わざるを得ない。

　「高校生の半数は学校以外では学習しない」との調査結果が紹介されていた。アメリカや中国等、いくつかの国と比較されていたが、我が国の高校生の学習時間が飛び抜けて少なかった。この問題は高校教育だけにとどまらず、中学校や小学校教育にまで遡って考える必要がある。学習意欲の欠如とともに、学習習慣が定着していないことが問題点として浮かび上がってくる。家庭での学習が不十分であれば、学校で学習した内容が身につかず、その結果、学習意欲の減退につながっていく。**家庭において児童生徒の生活習慣や学習習慣を確立することが重要になってくる。**

〈出題背景〉

① 　学習につまずき、意欲をなくしている児童生徒が少なくない
② 　問題と向き合ってもあきらめ、すぐに「答えは何ですか」と質問する傾向がある
③ 　生活習慣や学習習慣と学力の間には相関関係が認められる

〈取組み策〉

① 　将来に目を向けさせ、学習の必要性を理解させる
② 　「分かった」「理解できた」との経験を多く積ませ、学習に意欲をもたせる
③ 　粘り強く課題に取り組むように励まし、成果が表れた際には褒めて自信をもたせる
④ 　家庭の理解と協力をあおぎ、学習の習慣化を目指す

(2) 心の教育

　心を育てる教育がますます重要になってきている。子どもたちの心に起因する諸問題が多くなり、その対応に学校が追われている現実が存在する。昭和30年代以降、我が国の経済が驚異的な成長を遂げた。その結果、巷に商品があふれるようになり、「物が豊かになってきた反面、人の心が貧しくなってきた」と指摘されることが多くなってきた。科学技術は飛躍的に発展し、人びとの生活を便利にしている。果たして利便性を追求する社会が子どもにとり、よい環境と言えるのだろうか。一例を挙げれば、欲しい物が簡単に入手できる社会環境で感謝の心を育てることは容易ではない。

　かつては大家族が一般的で、祖父母や両親、そして兄弟姉妹にもまれて人としての生き方を身につけてきた。家から外に出ても同じ年代の仲間に囲まれ、遊びを通して人との関わり方を学ぶ機会が数多く存在していた。しかし今日では、**核家族化や少子化が進み、人間関係の希薄化が一段と進行している**。その結果、社会性が乏しくなり、人との関わりを不得手とする子どもが増えている。更に、この傾向に拍車をかけたのが情報機器の普及である。児童生徒の生活には、次のような問題点が見られる。

① 　自分の部屋で過ごすことが多くなり、家族間の会話が少ない
② 　塾や習いごと等で多忙な生活を送り、ゆとりが不足している
③ 　友人と一緒にいても情報機器に熱中し、向き合う時間が短い
④ 　近所づきあいが少なくなり、地域の教育力が低下している

　子どもの心が「育っていない」と指摘されることがあるが、その通りなのだろうか。視点を変えれば「育てられていない」のが実態と考えられる。人間性や社会性は数々の集団生活を体験し、そして様々な人と関わることで育まれていく。学級や学年集団等は子どもにとり、数少ない貴重な集団であり、社会の一員としての生き方を学ぶ絶好の環境と考えられる。心を育てる場として学校を改めて見直す必要がある。

（ア） 豊かな心

　時代が成長から成熟へと移り変わり、人の価値観も変わりつつある。物やお金をひたすら追い求める生き方から、心の豊かさに重点を置いた生き方が求められるようになってきている。最近では「人や社会に役立つ生き方が目標」と答える若者が徐々にではあるが増加する傾向にあることが調査結果から伺える。

　それでは「豊かな心」とはどのような心を意味しているのだろうか。中教審答申（平成10年）では、次の六項目が示されている。

- 美しいものや自然に感動する心などの柔らかな感性
- 正義感や公正さを重んじる心
- 生命を大切にし、人権を尊重する心などの基本的な倫理観
- 他人を思いやる心や社会貢献の精神
- 自立心、自己抑制力、責任感
- 他者との共生や異質なものへの寛容

〈出題背景〉

① 子どもたちが「三つの間」（時間・空間・仲間）を失ったことで心を育てる環境が失われつつある
② 「自分さえ良ければ」に代表される自分本位の社会風潮が児童生徒に悪影響を及ぼしている
③ 異質なものを排除する傾向があり、いじめにつながっている
④ 当番活動や係活動等をないがしろにする傾向が見受けられる

〈取組み策〉

① 道徳の授業を充実させるために教材を工夫し、児童生徒の心に響く学習活動を展開する
② 体験活動やボランティア活動等、体で学びとる学習を積極的に導入し、豊かな感性や社会貢献の大切さを体験させる
③ 学級生活の中で自らの役割を自覚し、積極的に責任を果たそうとする姿勢や態度を育む
④ 生活習慣の乱れが心の発達に影響している場合が少なくない。家庭と連携して生活リズムの確立に努める

（イ）　人間尊重

　教育の目的に人格の完成が挙げられているが、人格の中には生命を慈しみ、かけがえのないものとして大切に扱う姿勢・態度が重要な要素として含まれている。この精神こそ人としての生き方の原点であり、この考えに立脚して人間尊重の精神も生まれてくる。

　人間尊重とは、自分を大切にすると同様に、他の人も大切にする考えである。これに逆行しているのがいじめや体罰であり、人間尊重の精神とは相いれない行為である。なお、教師による体罰は学校教育法で禁止されている行いであることは言うまでもなく、特に次の二点で許されない。

- 体罰（暴力）による解決は真の解決にならず、逆に児童生徒の心を閉ざしてしまう
- 暴力を容認する風潮が学級・学校に広がり、児童生徒に悪影響を与える

　問題行動が起きた際には子どもと真剣に向き合い、心から悔い改めさせるよう、粘り強い指導が望まれる。

〈出題背景〉

①　「死ね」「消えろ」等、人の心を深く傷つける言葉を使う児童生徒が少なくない
②　人間尊重の精神が浸透せず、いじめ問題が発生している
③　多様な価値観が受け入れられず、人を排除する言動が見られる
④　教師側でも人間尊重の精神の欠如により、体罰等の問題を引き起こしている

〈取組み策〉

①　互いに尊重し、支え合える学級づくりを推進する
②　人間関係を深め、一人一人の良さを認め合っていく
③　言語環境を整え、さわやかなあいさつが飛び交う学級にする
④　道徳の授業を通して自他の生命を尊重する心を育てる
⑤　教師が児童生徒一人一人をかけがえのない人間として尊重し、人間尊重の精神に立った学級づくりを進める

（ウ）　日本の伝統と文化

　国際化の進展に伴い、経済・社会を中心にグローバル化が進行している。これからの時代を生きていく若者は、世界を舞台に活躍できる機会が増え、国際人としての生き方が一段と求められるようになっていく。真の国際人とは、どのような人を意味しているのだろうか。最初に思い浮かぶのは、異文化を受け入れる広い心や多くの人と積極的に人間関係づくりを進める態度や能力を身につけている人である。これに加えて、自国をよく理解し、日本人としての自覚と誇りをもつ人でもある。

　平成18年に改正された教育基本法の「教育の目標」の中に次のような文言がある。

　伝統と文化を尊重し、それらをはぐくんできた我が国と郷土を愛するとともに、他国を尊重し、国際社会の平和と発展に寄与する態度を養うこと

　上記の通り、伝統と文化の尊重は他国にも言及しており、自国だけにこだわらず、広く国際社会に貢献できる人材育成を目指している。小学校3・4年の道徳にも以下の内容が記されている。

　我が国の文化と伝統に親しみ、国を愛する心をもつとともに、外国の人々や文化に関心をもつ。

〈出題背景〉

① 　国際化の時代を生きていくためには、日本人としてのアイデンティティが必要になる
② 　地域の伝統行事に参加する子どもの数が減少し、地域に残る文化財や年中行事の継承・発展が課題になっている

〈取組み策〉

① 　日ごろの生活を通して日本の伝統文化に気づかせる。例えば食を取り上げ、和食のよさを再認識させる
② 　かるた大会等を教育活動で取り上げ、伝統行事に親しませる
③ 　地域の伝統や文化に目を向けさせ、学習指導に活かしていく
④ 　世界の人々の生活や文化に関心をもたせ、視野を広げさせる

⑶ 生徒指導・学級経営

　生徒指導は学習指導とともに教育活動の根幹をなすものであり、児童生徒の社会性を育み、健全な成長を目標にしている。一人一人の人格の発達を目指す一方、児童生徒が意欲的な毎日を送り、充実した学校生活を過ごすことがねらいである。また、個性の伸長を図りながら、社会的資質や行動力を高めることを目標として行われる教育活動でもある。

　生徒指導を効果的に行うためには、教師は子ども理解に力を注ぐことが何よりも大切になる。子どもたちは異なった環境の下で育ち、考え方や能力、そして興味・関心は当然のことながら人それぞれである。更に将来の夢や進路希望も様々であり、この多様性を受け入れることが出発点になる。そして児童生徒を多面的・総合的に理解することが重要になる。そのためには、日頃から児童生徒との触れ合いに努め、時には膝を交えてじっくりと話し合う時間を設けることが不可欠になる。また理解をより確かなものにするために、保護者をはじめ、教職員等からも幅広く情報を集める必要がある。

　生徒指導は個人指導と集団指導に分けられるが、それぞれの特色を生かし、両者を効果的に関連付けることで相乗効果を上げることが可能になる。望ましい学級集団の中で一人一人の個性が輝く一方、集団の一員としての自覚をもった児童生徒が集まった学級集団は、より一層、集団としての機能を発揮していく。学級経営の充実は生徒指導に欠かせない大切な要素である。

　言うまでもなく学級は様々な教育活動を進めていく上で基礎となり、子どもにとっては心のよりどころとなる居場所である。知識・技能を習得する学習集団としての役割と人間形成を図る生活集団としての役割もあわせて担っている。どのような学級づくりを進めるかは学級担任の手腕にかかっている。教師と子ども、子ども同士の信頼関係が築かれる学級づくりは、大きな労力を必要とするが、教師にとり最もやりがいのある仕事と言えよう。

（ア） 自己指導能力

　生徒指導を、ともすれば問題行動への対策と認識される場合も少なくない。しかし本来のねらいは、一人一人の健全な成長を促し、**児童生徒自ら現在及び将来にわたって、自己実現を図っていくために必要不可欠な自己指導能力を育てることにある。**

　自己実現の基礎にあるのは、普段の学校生活における様々な自己選択や自己決定である。なお自己実現とは単に自分の欲求や要求を実現するだけではなく、集団や社会の一員として認められることも重要な要素になる。

　生徒指導の最終目標は、社会の形成者としての資質と能力を培うことにあり、自己指導能力や課題解決能力の育成はとりわけ重要になってくる。

　すべての教育活動を通して、意図的・計画的に育てていく基本的な資質や能力は、次の通りである。

- **自発性** … 自らの意志に基づいて能動的に行動する
- **自主性** … 依存せず、自らの考えと責任において行動する
- **自律性** … 欲求や衝動を必要に応じて抑え、計画的に行動する
- **主体性** … 限られた条件の中でも、主体的に取り組もうとする

〈出題背景〉

① 「指示待ち」の子どもが少なくない。自ら考え、行動する姿勢・態度の育成が重要になっている

② 児童生徒に自分で決めて実行する体験が不足している

③ 「自分は役に立っている」との実感がもてない子どもが多い

〈取組み策〉

① 学習活動の中に児童生徒が主体的に取り組める場や機会をつくる

② 児童生徒それぞれが役割を分担し、集団の一員としての責任を果たしていくことで自己有用感を味わう

③ 一人一人の活動に目を向け、大いに褒めることで自信につながり、次の活動に向けての推進力になる

④ 自己決定の場を数多く与え、自己の可能性の開発を援助する

（イ） コミュニケーション能力

　社会生活を営む上で、コミュニケーション能力は重要な役割を担っている。**よりよい人間関係を築くためには、自分の意思を相手に伝えるとともに、相手の話をしっかりと受けとめ、理解するように努めることが何よりも大切になってくる。**

　本来、コミュニケーション能力は家族間の会話や子ども同士の遊び等を基盤として培われてきた。しかし、人間関係の希薄化の進行や情報機器の普及等により、思うように能力が育っていないのが現状である。児童生徒間の意思疎通がうまくいかず、時にはいじめに発展する事例も見受けられる。

　コミュニケーション能力と言語活動とは密接な関係にある。**言語活動は、論理や思考など知的活動だけなく、コミュニケーションや感性・情緒の基盤となるものである。言語活動の向上はコミュニケーション能力の向上につながり、この能力は生きる力の推進力と考えられる。**

　2020年に東京オリンピックが予定され、今後ますます海外の人々との交流が増加するものと予想される。誰とでも積極的にコミュニケーションをとることができる人材育成が求められている。

〈出題背景〉

①　子どもの話に単語の羅列が多く、会話が成立しない場合がある
②　不用意な言葉を発し、相手の心を傷つける場合が少なくない
③　情報機器の普及によって対面してコミュニケーションをとる機会が減少し、コミュニケーション能力が思うように伸びていない

〈取組み策〉

①　相手の立場に立って話を聞き、共感できるように努める
②　相手と向き合い、視線を合わせて話し合う機会を多くもつ
③　グループ討議の時間をつくり、話し合い活動の充実を図る
④　人の前で話をする機会を設けプレゼンテーション能力を高める
⑤　学習活動の中で、児童生徒の発言する場を増やしていく
⑥　教師自らがコミュニケーション能力の向上に努める

（ウ）　チャレンジ精神

　夢を抱き、希望をもつことで、張り合いのある毎日を過ごすことができる。オリンピック等で活躍する選手の多くは、幼い頃より目標を高く掲げ、その実現に向けてひたすら努力を積み重ねてきている。何回も壁にぶつかりながらも、くじけずに夢を追い求めた結果、栄冠を勝ち取った姿は輝いている。

　「将来の夢は？」と質問すると、即座に答えてくれる子どもたちがいる一方で、「高校や大学に入学してから考える」との回答も目立ち、増える傾向にある。確かに夢や目標が簡単に実現できるわけでもなく、現実の社会と折り合いをつけて軌道修正しなければならないことは言うまでもない。また、やみくもに夢や希望をもたせることにも賛同できないが、**目標に向かって努力を続けることは人の成長にとって欠かせない。夢や希望は子どもたちにはなくてはならないものであり、チャレンジ精神を育む指導は大切である。**

〈出題背景〉

①　社会を覆っている閉塞感が子どもたちにも影響し、夢や希望がもちづらくなっている
②　家族をはじめ大人が、子どもに自信をもって生き方の指針を示しづらい状況がある
③　「どうせ努力しても」の考えに代表されるように、自分に自信がもてず、将来と向き合わない児童生徒が少なくない

〈取組み策〉

①　苦難を乗り越え、夢や希望を実現した事例を紹介し、挑戦する意欲を引き出し、励ましていく
②　将来に向けた人生設計を立てさせるとともに、今何が大切かを自覚させる
③　キャリア教育を計画的に実施し、望ましい職業観・勤労観について指導していく
④　人生の先輩として教師が自らの生き方を語り、意識を高める
⑤　保護者の協力を得て、学校と家庭が連携して指導に当たる

(4) 特別支援教育

　学校教育法の改正（2006年）に伴い、それまでの特殊教育が特別支援教育と改められた。特別支援教育の目的は「**障害のある幼児児童生徒の自立や社会参加に向けた主体的な取組みを支援する**」という視点に立ち、幼児児童生徒一人一人の教育的ニーズを把握し、その持てる力を高め、生活や学習上の困難を改善又は克服するため、適切な指導及び必要な支援を行う」（文部科学省）ことにある。この度の制度変更には、**特別な場で教育を行う「特殊教育」から、一人一人のニーズに応じた指導や支援を実施する「特別支援教育」に発展的に転換しようとする狙いがある。**

○特別支援学校

　障害のある児童生徒の教育を行う学校。障害の重度・重複化に対応するため、従来の盲学校・聾学校・養護学校は、障害の種類を超えた特別支援学校という呼称に統一された。また今日では、小中学校に通学している発達障害のある児童生徒への指導と支援が強く求められている。これを踏まえ、特別支援学校は、小中学校等に対して支援を行う地域の特別支援教育のセンターとしての機能もあわせて期待されている。

○特別支援学級

　教育上、特別の支援を必要とする児童生徒の教育を行うための学級で、通常の学校に設置されている。かつては特殊学級と呼ばれていたが、学校教育法の改正で特別支援学級と改められた。対象者は次の通りである。

　　知的障害者　肢体不自由者　身体虚弱者　弱視者　難聴者
　　その他障害のある者で、この学級で教育を行うことが適当な者

○特別支援教育コーディネーター

　各学校で特別支援教育の推進の中心的な役割を担う教師。特別支援教育の企画立案を行う一方、関係諸機関との連絡調整にも当たる。また保護者からの相談窓口としての役割も担当する。

（ア）　特別支援教育

　特別支援教育は障害のある幼児児童生徒の自立や社会参加に向けた主体的な取組みを支援していく。また、**これまでの特殊教育対象の障害だけでなく、知的な遅れのない発達障害も含めて、特別な支援を必要とする幼児児童生徒が在籍する全学校で実施される**ことになる。更に、障害のある幼児児童生徒への教育にとどまらず、障害の有無やその他の一人一人の違いを認識しつつ、様々な人々が生き生きと活躍できる共生社会の基盤づくりを目標にしている。

　インクルーシブ教育の推進の視点からも、特別支援教育の充実が求められている。インクルーシブ教育は、特定の個人や集団を排除せず、学習活動への参加を平等に保障することを理念としている。

　なお、文部科学省が平成14年度に実施した調査の結果では、40人学級の場合、特別な支援を必要とする児童生徒が平均して2〜3人在籍していることになっている。この実態を踏まえ、**通常学級を担当する教師に対しても、特別支援教育への知識と理解をもち、指導方法を身につけていることが期待される。**

〈出題背景〉

① 従来の「障害の程度」に応じた教育から、「障害のある児童生徒一人一人への教育的ニーズ」に応じた教育に転換してきた
② LD や ADHD 等の傾向がある児童生徒が増える傾向にあり、適切な支援を行う必要性が高まっている
③ 子どもが共生社会づくりの担い手になることが期待されている

〈取組み策〉

① 特別支援学校では個別の教育支援計画・指導計画を策定・活用し、小中学校等においても必要に応じて策定・活用する
② 障害のある子どもをもつ保護者と協力態勢を築くことが重要になり、緊密に連絡をとって相互理解を深めていく
③ 一人一人が障害児とともに育つ学級づくりを進めていく
④ すべての教師がインクルーシブ教育の考え方を理解する
⑤ 特別支援教育コーディネーターと連携し校内の支援体制を築く

（イ）　特別支援学級との交流教育

　　今回の学習指導要領の改訂で、「障害のある幼児児童生徒との交流及び共同学習は、児童が障害のある幼児児童生徒とその教育に対する正しい理解と認識を深めるための絶好の機会であり、同じ社会に生きる人間として、お互いを正しく理解し、共に助け合い、支え合って生きていくことの大切さを学ぶ場であると考えられる」と示している。

　　交流及び共同学習は双方の子どもにとり有意義である。障害のある子どもが、地域社会の中で豊かに生きるためには、障害のない子どもとの相互理解を図ることが重要になる。一方、障害のない子どもにとっても、障害をもっている身近な友達との相互の理解や認識を深めるための格好の機会となる。

　　また障害のある子どもと通常学級の子どもが共に活動することは互いに社会性や豊かな人間性を育む上で大切な役割を果たす。そのため、交流の側面で捉えるとともに、共同学習の側面からも捉えて活動を推進していく必要がある。

〈出題背景〉

①　同じ社会に生きる人間として、共に助け合い、支え合って生きていくことの大切さを学ぶ場が必要である

②　障害のない児童生徒の人間観を育む上で、交流学習は必要であり、あわせて障害のある児童生徒の立場から考えても生活経験を拡大する機会になる

③　特別支援学級の児童生徒の保護者にとっても、分離不安の解消に役立つ

〈取組み策〉

①　校内に特別支援学級がある場合は、音楽・体育・図画工作等の授業を、通常の学級の児童生徒と一緒に受ける

②　特別支援学級がない場合は、近隣の特別支援学校と連携を図り、運動会、学習発表会、文化祭等の学校行事等で交流を進める

③　更に交流の輪を広げ、地域社会の人びとも対象にしていく

（ウ）　発達障害のある児童生徒の支援

　発達障害とは、自閉症、アスペルガー症候群その他の広汎性発達障害、学習障害、注意欠陥多動性障害、その他これに類する脳機能の障害であり、その症状が通常低年齢において発現するものとされている。

学習障害（LD）

　基本的には全般的な知的発達に遅れはないが、聞く、話す、読む、書く、計算する又は推論する能力のうち、特定のものの習得と使用に著しい困難を示す様々な状態を指す。

注意欠陥多動性障害（ADHD）

　注意力や行動、感情のコントロール、全体を掌握する力に問題がある障害。授業中に落ち着かず、動き回ったり、声を発したりして、静かな授業を妨げるような行動をとる。

高機能自閉症

　他人との社会的関係の形成に支障が見られ、言葉の発達に遅れがある。また興味や関心が狭く、特定のものにこだわる傾向が見られる。以上のような自閉症のうち、知的発達の遅れを伴わないものをいう。

〈出題背景〉

① 発達障害のある子どもが増加し、公立小・中学校の児童生徒の6.5%に達している（2012年　全国実態調査）
② どの学校、どの学級でも特別支援教育の理念を理解して、発達障害のある児童生徒への対応が必要になっている

〈取組み策〉

① 児童生徒の症状や特徴をより詳しく把握し、温かく肯定的に理解していく
② 到達可能な目標を設定し達成感や成就感が得られるようにする
③ 保護者との連携に努め、必要に応じて相談機関や医療機関の支援を得る
④ 互いに認め合い、助け合う学級づくりを推進する

⑸　教師の資質能力

　文部科学省が作成したパンフレット『魅力ある教員を求めて』に以下のような記述がある。

　「教育は人なり」と言われるように、学校教育の成否は、教員の資質向上に負うところが極めて大きいと言えます。特に、「確かな学力」と「豊かな心」、「健やかな体」などの「生きる力」の育成や、いじめ、不登校など学校教育を巡る様々な課題への対応などの面で、優れた資質能力を備えた魅力ある教員の確保は、ますます重要となっています。

　この考えの下、どの自治体でも優秀な教師を採用するために力を注ぐとともに、採用した教師の資質能力を向上させるため、研修の充実に努めている。とりわけ、今後長期間にわたり学校教育を担うことになる若手の育成に教育委員会は組織をあげて取り組んでいる。

　それぞれの自治体で「目指す教師像」を掲げているが、教師像を大きく三つに分類することができる。

① 　専門性と指導力
　　専門的知識や技能に支えられた授業力を備えた教師
　　児童生徒理解に裏付けられた実践的な指導力をもつ教師
② 　教育愛と使命感
　　一人一人の児童生徒と真剣に向き合う教師
　　使命感と責任感をもち学び続ける教師
③ 　人間性と社会性
　　明朗快活で豊かな人間性を備えた教師
　　社会人としての幅広い教養と良識を備えた教師

　児童生徒指導で効果を上げるためには、家庭や地域の理解・協力が不可欠である。上記以外に、保護者や地域住民との連携に努力を惜しまない教師を上げている自治体もある。また職務を円滑に進めるためには教職員との関わりも大切になる。組織の一員としての自覚やコミュニケーション能力を求めている例も見受けられる。

（ア）　信頼される教師

　学校教育は、児童生徒、保護者、地域の信頼がなければ成り立たない。その信頼は一人一人の教師の不断の努力や、よりよい学級づくりに向けた地道な努力から生まれる。担任の顔を見るだけで子どもが安心感を抱き、「あの先生が担任ならば大丈夫」と保護者に評価される教師が求められている。

　学校に寄せられる厳しい批判の多くは、学校への期待の裏返しでもある。学校が抱える課題は増え続けているが、保護者や地域住民の願いをしっかり受けとめ、その解決に向けて取り組む必要がある。教師としての使命感を忘れず、絶えず資質や能力の向上に努めなければならない。むやみに「私を信用してください」と口にしても信頼は得られない。周囲の期待に応え、着実に課題解決を図っていくことで、信頼は生まれてくる。

〈出題背景〉

① 急激な社会変化に伴って教師の職務内容が広がり、今までより高い資質能力が要求される
② いじめ・不登校等の問題解決に向けた指導力が問われている
③ 指導力不足や不祥事を起こす一部の教師の存在が、学校や教師の信頼を揺るがす要因になっている
④ 学校や子どもの様子が伝わらず、保護者が不安に感じているケースが少なくない

〈取組み策〉

① 教職に対する強い熱意をもち、粘り強く課題解決に取り組む
② 教育の専門家としての誇りをもち、絶えず専門性を高めるために努力を惜しまない
③ 謙虚な姿勢をもち続け、教師としての成長を目指すために校内外の研修に積極的に参加する
④ 学校での子どもの様子等、必要な情報を適宜家庭に発信する
⑤ 保護者や地域の住民と気軽にコミュニケーションを図り、人間関係を広げていく

（イ）　教師の不祥事

　教師の不祥事は、学校や教師に対する信頼を獲得するため、地道に積み重ねてきた努力を一瞬にして葬り去る。信頼を根底から損ねてしまうとともに、児童生徒の心に大きな傷を残すことになる。

　公務員は全体の奉仕者であり、子どもたちの模範となるべき立場にある教師にとり、信頼を損ねる言動はあってはならないことである。そのため、不祥事が引き起こされた際は影響が大きく、教育活動に支障をきたすことになる。

　職務を遂行する上で守るべき職務上の義務と、職務遂行の有無にかかわらず、当然守らなければならない身分上の義務が地方公務員法で以下の通り規定されている。

職務上の義務　　服務の宣誓・法令に従う義務・職務専念の義務
身分上の義務　　信用失墜行為の禁止・秘密を守る義務
　　　　　　　　　　政治的行為の制限・争議行為等の禁止
　　　　　　　　　　営利企業等への従事制限

　なお、次の行為が教師の信用を失墜させており、今日、大きな問題になっている。

体罰・交通事故・わいせつ・個人情報や金銭に関する事故

〈出題背景〉

① 　教育は信頼により成立し、不祥事は信頼を根底から揺るがす
② 　服務規律の徹底に向けた取組みが行われているにもかかわらず、不祥事が後を絶たない

〈取組み策〉

① 　教育を通じて全体に奉仕する教育公務員であるとの自覚を忘れず、初心に立ち戻って職務に精励する
② 　社会常識、規範意識また倫理観等を身につけ、いつでも教師としての姿勢態度を堅持する
③ 　校内研修会等を活用して、互いに意識を高め合う
④ 　多くの人々と交流する機会をもつように努め、社会の動向や国民の意識に敏感になる

（ウ）　学び続ける教師

　社会変化が学校にも押し寄せ、教育の内容も変わってきている。学習指導要領の変遷をたどれば一目瞭然である。いずれの時代にも幾多の課題は存在したが、1990年代初めのバブル経済崩壊から一段と問題が噴出してきた感がある。混迷する社会を踏まえ、「生きる力」の理念が提唱され、その後様々な動きがあり、教育基本法の改正を経て今日に至っている。

　変化の激しい時代を力強く、生き抜いていく力を育てることが教育の使命である。そのためには教師自らが社会変化をしっかりと受けとめることが大切になる。時代や社会の動向に目を向け、絶えず学習していく必要がある。科学の進歩はまさしく日進月歩であり、昨日までの知識が通用しなくなる時代を迎えている。**学び続けなければ社会に取り残されると言って過言ではない。教師がその範を示すことで、生涯にわたり、学び続けようとする人材が育っていく。**

〈出題背景〉

① 学校教育に課題が山積し、その解決には教師一人一人の資質向上が不可欠になっている

② 社会変化に伴い、児童生徒も変容している。その結果、従来の指導が通用しない事例も増えてきている

③ 携帯電話やスマートフォン等の普及により、新たな問題が発生し、その対応力が問われている

④ 学び続ける教師の後ろ姿から児童生徒は多くのことを学ぶ

〈取組み策〉

① 広く社会の動向に関心をもち、新たな出来事等に注意を払い、吸収したことを児童生徒の指導に活かしていく

② 自らの指導を振り返り、謙虚な姿勢で指導力を磨いていく

③ 研修会に参加して先進的な実践に学ぶとともに、参加者と触れ合うことで刺激を受けて研修に励む

④ 地域は人材の宝庫である。保護者や住民と関わることで多くの学びがあり、あわせて幅広い社会性も身についていく

50   Ⅱ 採用試験の論作文

8. 公立幼稚園の採用試験

(1) 幼稚園教育の重要性

　幼児期の教育は、子どもの未来を切り拓いていく上で極めて重要である。この時期の教育と幼稚園教育の目的については、法律で次のように定めている。

○教育基本法11条

　幼児期の教育は、生涯にわたる人格形成の基礎を培う重要なものであることにかんがみ、国及び地方公共団体は、幼児の健やかな成長に資する良好な環境の整備その他適当な方法によって、その振興に努めなければならない。

○学校教育法22条

　幼稚園は、義務教育及びその後の教育の基礎を培うものとして、幼児を保育し、幼児の健やかな成長のために適当な環境を与えて、その心身の発達を助長することを目的とする。

(2) 幼稚園教育要領の方向

　幼稚園修了までに生きる力の基礎となる心情・意欲・態度等が育つことが期待されている。また上記を達成するために指導する項目として、健康・人間関係・環境・言葉・表現の五つの領域が示されている。教育要領の改訂にあたり、新たにいくつかの事項が加えられた。主なポイントは以下の通りである。

① 就学前教育と小学校教育の連携・接続

　幼児と児童の交流や教師同士の意見交換等、小学校との連携を図っていく。交流の機会を通し、幼児が小学生に憧れたり、小学校生活に期待をもつようになる。

② 思考力の芽生え

　周りにある色々なものや出来事に加わっていく中で、友達と一緒に試したり、工夫したりして、新しい考えを生み出す喜びや楽しさを味わい、自ら考えようとする気持ちを育てていく。

③ 言葉による伝え合い

　思いを言葉で伝えるとともに、相手の話を理解できるようになることが大切である。幼児自らが相手の話に興味関心をもち、内容を理解したいという気持ちをもてるようにしていく。

④ 食育

　先生や友達と食事することを楽しむことが大事である。野菜を育てて食べる体験をしたり、和やかな雰囲気の中で食べる喜びを味わったりすることで、様々な食べ物への興味関心をもたせていく。

⑤ 規範意識の芽生え

　友達と楽しく活動する中で共通の目的を見出し、協力することが大切になる。幼児が約束やルールを守らないと友達に受け入れてもらえない体験や、きまりを守ることで更に楽しく遊ぶことができる体験等を通して、きまりの必要性に気づくようにする。

⑥ 子育て支援

　子育て支援のために保護者や地域の人々に幼稚園の機能や施設を開放していく。子育て相談、親子登園の機会や情報提供等、地域における幼児教育のセンターとしての役割を果たす。

(3) 幼稚園教育の基本と教師の役割

① 主体性を促す

　幼児の主体性を促し、幼児期にふさわしい生活が行えるようにすることが重要になる。そのために情緒の安定を心がけていく。幼児が幼稚園で安心して生活できるように、居場所を確保したり教師との信頼関係が築けるように配慮したりする。その上で幼稚園の環境の中でやってみたいことが見つかるように支援していく。

② 遊びを通した指導を行う

　幼児にとっての遊びとは自発的な活動であり、様々な環境から遊びを創造し、同年代の友達と協力していくことで成立していく。幼児の遊びは、大人が考える遊びではなく、真剣に取り組んでいく営みと言える。

遊びの中に教育内容の色々な項目が含まれており、それらが合わさることで幼児にとって意味のあるものになっていく。

③ 多様な発達に合わせた援助をしていく

幼児期の発達の大きな流れは共通であるが、子ども一人一人にはそれぞれ独自の道筋がある。それに応じて、少しずつ先に進めるように援助する。例えば、興味の示し方や行動傾向の違いを尊重し、それを生かしていく。

④ 教師の役割

- 幼児の主体的な活動が確保されるよう、幼児一人一人の行動の理解と予想に基づき、計画的に環境を構成する
- 教師は、幼児と人やものとの関わりが重要であることを踏まえ、物的、空間的環境を構成する
- 教師は、幼児一人一人の行動の場面に応じて、様々な役割を果たし、その活動を豊かにしていく

(4) 認定こども園とこれからのシステム

平成18年度に就学前の子どもに教育と保育を一体的に提供し、地域の子育て支援機能を併せもつ認定こども園法が制定された。幼保連携型、幼稚園型、保育所型、そして地域裁量型の4つの型がある。**認定子ども園は、3歳児以上に幼児教育を提供する幼稚園と0歳児から未就学児に保育を提供する保育所、それぞれの子育て支援機能を併せ持つ施設である。**利用者の多様なニーズに対応する受け皿となることが期待されている。

24年には「子ども・子育て支援法」が成立した。幼児期の学校教育や保育、地域の子育て支援の量の拡充や質の向上を進めていくために新たな支援制度が27年4月から本格スタートする予定である。

(5) 採用試験状況

① 高い競争率の公立幼稚園

少子化や女性の社会進出等の影響があり、公立幼稚園の数が減少

している。その結果、採用数も減少傾向をたどり、試験の競争率も軒並み高く、小中学校や高等学校の倍率をはるかに超える自治体も数多い。なお、採用選考においては、幼稚園教諭免許状と保育士国家資格、双方の資格を兼ね備えている人が有利になる傾向が一層強まってきている。

以下は特別区（東京23区）の過去３年間の競争率の推移である。

採用年度	受験者	一次試験合格者	最終合格者	補欠者	採用者
平成28年度	710名	155名	38名	46名	63名
平成27年度	644名	161名	50名	46名	66名
平成26年度	618名	162名	10名	52名	46名

② **特別区（東京23区）幼稚園教員採用試験**

特別区が求める正規採用教員の資質・能力は次の通りである。

- 豊かな人間性・社会性と幅広い教養
- 一人一人を生かす専門的力量と実践的指導力
- 教育公務員としての使命感と責任感

一次試験（筆記）

教職・専門教養（90分）

　　択一式・マークシート方式（30問）

　　幼稚園教育要領、教育関連法規・基準等

小論文（90分）

　　事例式・1200字程度

二次試験（実技・面接）

実技試験

　　模擬保育（お話をつくって聞かせる）

　　キーボード演奏・歌等

　　面接試験（個人）

特別区の小論文に関しては、最近では90分で記述する事例式の問題が続いている。評価の観点としては、幼児理解、具体的指導、指導の計画、表現力等と公表されている。過去２年間の出題例は次の通りである。

54　Ⅱ　採用試験の論作文

〔6-1〕　**小論文出題例**（特別区・27年7月実施）

　次の事例を読んで、下の問題について、900字以上1200字程度で論述しなさい。

　　W幼稚園は2年保育で、地域の未就園児親子との交流会を定期的に実施しており、5月の交流会で、5歳児学級は「お店ごっこ」を行うことになった。その中で魚釣りのお店を開くことになったグループでは、準備のために、未就園児に釣らせる魚を箱や紙でつくったり、釣ざおを割りばしと紐でつくったりしていた。

　　魚釣りのお店を開くグループのA児は、未就園の妹が来る予定だったので、張り切ってひときわ大きな魚をつくり、赤や黄色のクレヨンでカラフルに仕上げた。まわりの友達から「すごい！」「きれい！」と言われ、A児は「妹に見せるのが楽しみ。」と笑顔で友達と話していた。

　　その時、同じグループでやはり未就園の弟がいるB児が、学級担任に自分のつくった釣ざおを見せながら、「これで、弟に一番好きな魚を釣らせてあげる。」と言っているのが、A児に聞こえた。学級担任はニコニコしながらB児の話を聞いており、A児はその様子を黙って見つめていた。

　　交流会の当日、魚釣りのお店に、B児の弟と保護者が一番乗りで訪れた。B児は、弟がA児のつくった魚を欲しがったので、早速釣ざおを渡して釣らせようとした。その様子を、A児は、自分がつくった魚を妹が来る前に釣られてしまうのが心配で、横でハラハラしながら見ていた。幼いB児の弟は、魚をなかなかうまく釣り上げられずにいた。そこでB児は、A児のつくった魚を手でつかみ上げて弟に渡してあげた。その瞬間、A児は、「ダメ！」と叫んでB児の弟から魚を取り上げた。B児の弟がビックリして泣き出すと、B児が顔を真っ赤にして、保護者が止める間もなくA児を突き飛ばした。いきなり突き飛ばされたA児は、声を上げて泣き始めた。

　　少し離れたところで、他の未就園児の親子と話していた学級担任は、トラブルに気づいて急いで駆け寄った。

　　するとB児は、学級担任の顔を見上げながら、「Aちゃんが弟の魚を取ったのが悪い。」の一点張りである。一方のA児は、「だって、手で渡すのはずるいもん・・・。」と小さな声で言い、後は泣きじゃくるばかりであった。

【問題】

　あなたは、学級担任として、この事例のA児とB児の気持ちをどのように受け止め、具体的に指導をしますか。

　その上で、今後の学級全体の指導について、友達とのかかわり方や、気持ちの伝え方・受け止め方などにふれて、具体的に述べなさい。

8．公立幼稚園の採用試験　55

【解説】
① 幼児の気持ちの理解
　ア　Ａ児は妹を喜ばせるために作った魚を、Ｂ児の弟が気に入って釣ろうとしている様子を見て気が気でなかった。釣れないでいるのを見かねてＢ児が弟に手渡したのをＡ児は見て、「ずるい」と思った。手渡しはよくないのに、なぜ自分がＢ児に突き飛ばされたのか、Ａ児は理解できないでいる。Ｂ児に自分の気持ちをはっきり言えないでいる。
　イ　弟が上手に釣れないでいる様子をもどかしく思っていたＢ児は、釣れなくても持たせたいと思った。Ｂ児が手渡した魚をＡ児がダメと取り上げたため、泣いてしまった弟をかわいそうに思い、理由を言わずＡ児を突き飛ばしてしまった。弟からいきなり取り上げたＡ児がいけないと思っている。
② 教師の指導
　ア　二人ともきょうだいがおり、Ａ児は素敵な魚を作り、一方Ｂ児は釣ざおを作り、弟や妹に釣らせてあげたいとの願いでお店ごっこを楽しみにし、張り切って準備してきたことを受け止める。
　イ　状況を把握するためにＡ児とＢ児に話を聞く。魚を取り上げた理由や突き飛ばした訳など、二人から言葉で表現させ、相手の気持ちに気づかせるようにする。
　ウ　周囲にいたグループの仲間にも思いを出させるようにして話し合わせる。そして、その中でそれぞれの園児の意見から、遊び方等どうしたらよかったのかを考えさせるようにしていく。
　エ　魚釣りグループでの話し合いを通して相手の思い理解し、納得して取り組むことでトラブルを乗り越え、「やってみてよかった」との思いを持たせていく。
　オ　その後、学級の話し合いの場を設け、交流会で未就園児にどのようにかかわっていけばよいかについて考えを出し合う。
③ 今後の指導計画
　ア　自分の思いを感情や行動ではなく言葉で表せるように、言葉のやりとりや伝え合いを楽しめるような関わりを広げていく。
　イ　園生活の中で教師が一人一人を大切にし、思いやりのある言動をとることで、園児が他者の感情や相手の思いに気づくような働きかけをしていく。
　ウ　自分本位の感情理解ではなく、相手の立場に立って考え、行動できるようになるためには、友達とかかわり、感情的な行き違いや自他の欲求の対立等の経験が必要になってくる。この機会を活用して心を育てていく。
　エ　グループや学級で取り組む活動の中で互いに考えを出し合い、葛藤を乗り越えみんなで取り組んでよかったと思えるように工夫していく。

56　Ⅱ　採用試験の論作文

〔6-2〕 小論文出題例（特別区・28年7月実施）

次の事例を読んで、下の問題について、900字以上1200字程度で論述しなさい。

> 5月に入り、二年保育の4歳児A児は、初めての集団生活に少しずつ慣れ、挨拶したり、他の幼児と遊んだりするようになっていた。しかし、他の幼児たちが遊んだあとの片づけをするようになってきたのに、A児は、いつも使い終えた遊具を放り出したままにしていた。共同の遊具のみならず、自分のタオルやコップ、クレヨンなども、使ったら全て出しっぱなしで、物をなくすこともしばしばあった。また、食前の手洗いや食後の片づけもなかなか身に付かず、学級担任に指導されて手洗いや片づけをしても、次の日には、学級担任が声をかけないと忘れてしまうということの繰り返しだった。
>
> A児のそのような状況を、5月半ば過ぎの降園時に、学級担任が保護者に伝えたところ、「A児は、家でも片づけができない。身支度も、いつも親に頼ってしまう。一人っ子なので、少し甘やかしてしまっているかもしれない。」という保護者の話だった。実際、A児の降園時には、保護者が服のボタンを留めたり、靴を履かせたりといった様子が、これまでにもたびたび見受けられた。
>
> A児の行動が一向に改善されないまま6月に入ったある日、学級では、幼児がみんなで絵を描いていた。学級担任が、絵を一人ずつ順番に見て回り始めたとき、少し離れたところにいたA児が、突然声をあげて泣き出した。その横で、A児と一緒に遊ぶことの多いB児が、顔を赤くしてA児を見ていた。
>
> 学級担任が近寄ると、A児が「Bちゃんが意地悪して、赤色のクレヨンを貸してくれない。」と、泣きじゃくりながら訴えてきた。するとB児は、「前にもAちゃんにクレヨンを貸したけど、なくしちゃって返してくれない。もう貸さない！」と、A児に向かって怒ったように言った。
>
> A児は、学級担任の後ろに隠れるようにして、さらに泣き続けた。

【問題】

あなたは、学級担任として、この事例のA児とB児の気持ちをどのように受け止め、具体的に指導をしますか。

その上で、今後の学級全体の指導計画について、基本的な生活行動の形成や家庭との連携にふれて、具体的に述べなさい。

8．公立幼稚園の採用試験　57

【解説】

① 幼児の気持ちの理解

ア　A児は家庭での生活経験から、身支度、片づけ等は母親にやってもらえるので、自分でやる必要性を感じていない。園でも同じだと思っている。前回は貸してくれたクレヨンを今回は貸してくれないB児の気持ちが理解できず、いじわるされたと感じている。

イ　B児は以前、A児にクレヨンを貸したのに返してくれなかったことでいやな思いをしている。失くされたら困るので今回は貸すことができないでいる。

② 教師の指導

ア　A児がB児にいじわるされたと思って泣いている姿を受け止める。同時にB児がA児に貸したくないと考えている気持ちも受け止める。

イ　その上で、何故いじわるしたと思ったか、何故貸したくなかったのか聞き、園児の話を整理して、どうしたらよかったのかを一緒に考える。

ウ　A児には、大切なクレヨンを貸してあげたのに返してもらえなかった時のB児の悲しい気持ちを伝え、借りたものは返すように指導する。

エ　B児には、前回貸してあげた優しさを認め、きちんと返してくれたら、また貸すことができるかどうか聞いてみる。

オ　A児には自分のクレヨンを大切に扱うことを知らせる機会ととらえ、今回のように使いたいものがないと困る体験から、片付けることの必要性に気づかせる。

③ 今後の指導計画

ア　入園当初は一人一人の生活経験に配慮し、実情に応じて教師が一緒に行動したり、モデルになったりすることで行動様式の獲得に努めていく。

イ　生活習慣の形成には、行動様式をただ繰り返すだけではなく、その意味が理解できるように指導し、必要感をもって行わせるように工夫する。

ウ　周囲の行動を模倣しながら、やろうとする気持ちが芽生えてくる時期であり、その姿勢や意欲を温かく見守り、励ましていく。園児は自分でやり遂げた喜びや満足感を味わい、自立心が徐々に生れてくる。

エ　家庭との情報交換を密に行い、必要になる体験や援助等について共通理解を図り、園と家庭が協力して園児の自立に向けていく。

9. 公立保育園の採用試験

(1) 保育所の役割

　保護者が働いている等の何らかの理由によって、保育に欠ける児童を預かり、保育することを目的とする児童福祉施設を言う。

　保育所は児童福祉法第39条に基づく児童福祉施設として、「入所する子どもの最善の利益を考慮し、その福祉を積極的に増進する」目的で設置されている。子どもを健やかに育てることと、子育てをしている保護者を支援することの二つが主な役割である。

　保育の特性としては、養護と教育を一体的に進めていくことにある。養護では、子どもの生命の保持及び情緒の安定を図るために保育士等が行う援助や関わりが中心になる。また教育は、子どもが健やかに成長し、その活動が豊かに展開されるための援助である。

　就学前の幼児教育を充実させていくという視点で、3〜5歳児の教育内容については、幼稚園教育要領と保育所保育指針の整合性が図られている。

(2) 保育士の使命

(ア) 育ちを支える喜び

　乳幼児は周囲の環境の影響を受けて成長していく。保育所で出合う人々とのふれあいが人となりに関係し、とりわけ保育士から大きな影響を受け、その後の人生を歩むことになる。

　日々、個性豊かな子どもたちと真剣に向き合うことは、人間性に対する深い理解につながり、保育士自身の生き方にもつながっていく。育ちを支える職務は苦労も多いが、いつも新たな発見や感動があり、人としての成長を実感することができる。

(イ) 子育てのパートナー

　保護者との対応能力が問われる仕事である。保護者とのコミュニケーションがうまく図れなければ、保育に支障をきたすことになる。**保育士の役割には、子どもの保育とともに、保護者に対する子育て**

9．公立保育園の採用試験　　59

支援も含まれている。そのねらいは、保育士がパートナーとなって保護者とともに子育てを行うことで、保護者の子育て力を向上させることにある。

　保護者には、仕事を続けながらの子育て、また初めての子育て等で、不安や戸惑いが少なくない。そのような折に適切なアドバイスがあれば、悩みも吹き飛び、自信をもって子育てに立ち向かうことができる。その結果、互いの絆が強まり、子どもの成長を共に喜び合える人間関係が生まれていく。

（ウ）　保育士のやりがい

　社会の急激な変化に伴い、子育てしづらい環境が続いている。その結果、出生率が低迷し、超少子高齢社会が進行している。**少子化を食い止めるためには待機児童の解消等、行政が解決しなければならない問題も存在する。一方、各保育施設のソフト面での充実も有効な手立てと考えられる。**乳幼児の育ちを支援していくことは、将来の社会を担う人材を育てることにつながる。保育士が誇りと使命感をもって職務に当たっていくことが期待される。

(3)　採用試験

（ア）　採用試験状況

　保育士採用試験の大半は、自治体の職員採用試験と同時に行われる。専門試験や実技試験を除き、その他の職種と共通のものが使われる場合が多い。

　以下は採用試験の一例である。

　　　一次試験

　　　　教養試験（択一式、40題、120分）

　　　　専門試験（択一式、30題、 90分）

　　　　論作文、面接試験、適性検査

　　　二次試験

　　　　面接試験、適性検査、実技試験、身体検査

教養試験の出題構成としては、次のような例があった。

　　社会科学（政治経済等）　7問　　人文科学（地理歴史等）　7問
　　自然科学（理数等）　　　6問　　文章理解（国語英語等）　7問
　　判断推理　　　　　　　　7問　　数的推理等　　　　　　　6問

専門試験については、次のような出題分野が標準的である。

　　社会福祉　　児童家庭福祉（社会的養護を含む）保育の心理学
　　保育原理　　保育内容　　子どもの保健（精神保健を含む）

なお、論作文については二次試験で実施する場合もあり、志望する自治体の実施要項をしっかり把握しておく必要がある。

（イ）　論作文の論述ポイント

与えられた課題を見て、その意義や意図、何が求められているかを判断する力、また物事を筋道立てて考える力が試される。この力は仕事を着実に進め、そして改善していく上で必要な力と言える。

記述した文章を通して、保育士としての適性や意欲、また基本的な国語力が身についているか等を評価していくことが論作文試験のねらいである。

なお、論述していく上で重要なポイントとして次の三項目が挙げられる。

① **積極的に職務に取り組む姿勢**

　　前向きな姿勢で職務と向き合う

　　何に取り組もうとするのか、具体的に記述する

② **保育観が重要**

　　保育士としての資質能力を判断するのが試験の目的

　　自分なりの考えをしっかりもって力強く記述していく

　　●保育所と保育士の役割は

　　●目指す保育士像は

　　●どのような子に育ってほしいか

③ **自治体職員（地方公務員）としての自覚**

　　全体の奉仕者としての心構えや、守秘義務等の服務厳守

　　地方自治体の組織人としての自覚

- 自治体の重点施策や課題についての把握
- 保育所や子育て関連事業の現状や計画に対しての関心

（ウ） 過去の問題例

　論作文の課題は大きく五つに分類することができ、以下の通りである。なお、試験時間はおおよそ60～90分で、字数については800～1200字でまとめさせるケースが多い。

① **志望動機や専門性（最も出題頻度が高い）**
　　保育士を選んだ動機　　保育士にとって大切なもの
　　住民が期待する保育士　　保育者になるに当たっての心構え
　　これからの保育サービスに求められるもの　　子育て支援
　　少子化と保育園　　幼児虐待　　保護者との連携

② **公務員や地方行政**
　　私の目指す公務員像　　公務員としての使命や心構え
　　市民（区民、町民）が行政に求めるもの
　　我が町（区、市、村）の将来像

③ **仕事に対する心構え**
　　働くということ　　仕事をする上で大切なこと
　　社会生活とルール　　社会生活におけるマナー
　　あなたにとって仕事とは　　職場でのチームワーク

④ **自己ＰＲ**
　　私の夢　　私が挑戦したいこと　　私の生活信条
　　私のセールスポイント　　今までで一番感動したこと
　　失敗や苦労から学んだこと　　私が大事にしていること
　　私が社会に貢献できること　　心に響いた一言

⑤ **出来事や社会問題**
　　最近のニュースで気になっていること
　　東北大震災で学んだこと　　災害とボランティア

62　Ⅱ　採用試験の論作文

⑷　答案例

（ア）　私が目指す保育士　（1200字）

　私は両親が働いていた関係で保育園育ちであり、物心ついた頃から、保育園はなくてはならない身近な存在だった。世話になった保育士の姿にあこがれ、小学校に入学した頃から、将来は「保育園の先生」と考えていた。その後もこの考えは変わらず、保育士になりたいとの夢を実現するために大学に入った。

　しかし、この考えが大きく変わったのは大学2年の時にインターンシップ（ボランティア）活動で行った保育補助だった。それまで思い描いていたことと現実は大違いで、何事も思うように運ばず、勤務時間が終わると心も体もくたくたになってしまっていた。まず、ゼロ歳児から年長組までの年齢、発達段階の開きに対応できずに、オロオロしている日々が続いた。また幼児とコミュニケーションを取ることにも悪戦苦闘した。日を追うごとにストレスが蓄積し、ついには「保育士は私には向かないのでは」とさえ思いこむようになっていった。

　そのような折、経験豊富な保育士の子どもへの接し方を目の当たりにして強い衝撃を受けた。子ども同士のもめごとや、気に入らないことがあって泣いてしまう子どもがいた時に、優しく声をかけて子どもと向き合っていた。その際、本当に子どもの気持ちを理解して接していることが伝わってきた。子どもたちは、魔法をかけられたかのように、しばらくすると穏やかな表情に戻っていった。子ども理解の大切さを学ぶとともに、改めて保育士になって子どもたちと関わろうとする気持ちが湧いてくるようになった。

　現在、私は大学で保育についての専門知識や方法を学び、保育力を向上させるために学習を積み重ねている。インターンシップ（ボランティア）の活動で子どもたちの期待に応えられなかった自分のふがいなさを思い出し、どのように子どもと向き合えばよいかを学習するため、卒業論文のテーマに「幼児理解」を掲げた。研究を通

して、自らが一人の人間として成長していかなければならないことを痛感している。人としての幅を広げるため、交流の輪を広げ、多くの人とふれあうことに努めている。

　子どもを理解する大切さは、保護者支援においても同じである。初めての子育てで、子どもとどのように関わればよいか、その対応に悩んでいる保護者も多いはずである。その置かれた立場を理解することが必要になる。また、子どもの発達や気持ちを保護者に伝え、安心して子育てできるようにすることも保育士の重要な仕事と言える。

　子どもたちは大きな可能性をもっており、かけがえのない貴重な宝である。一人一人の良さを認め、励ますことで生きる力を伸ばしていきたいと切に願っている。私が目指す保育士は、子どもを見る目、受け止める力をもった保育士である。そして子どもの成長を保護者と手を取り合って、共に喜び合える人間関係をつくっていきたい。

（イ）　子育て支援における保育士の役割（1000字）

　出生率が低迷し、我が国の人口減少が進行している。大幅に人口が減れば社会の活性化に影響を及ぼすことになり、少子化は大きな社会問題になっている。多くの先進諸国においては、子育て期も女性が働き続けている国ほど出生率が回復する傾向が見られ、両立支援は少子化対策の有効な手立てと考えられる。受け入れ数を増やす努力とともに、保育の質を向上させることで子育て支援を充実させることが強く求められている。私は次の三点に配慮して、保育士としての使命を果たしていきたい。

①　保育士はその専門性を活かして、充実した養護と教育の環境を提供することが大切になる。子どもが質の高い保育を受けられてこそ、保護者は安心して働くことができる。保護者の考えや願いは様々である。普段の何気ない会話の中から保護者の悩みや要望を感じ取り、保育に反映させる必要がある。保護者と連携を密に

とり、子どもを育てるパートナーとして、信頼関係を築いていく。

② 在宅子育て家庭では、人間関係の希薄化の進行により、母子カプセルと例えられる孤立状態が増え、子育ての不安や負担感が増す傾向にある。保育園は一時預かりや、園庭開放、また発達や離乳食に関する講習会の場を提供している。この絶好の機会を活用して、保護者の悩み相談にのることは言うまでもなく、保育の実践を見せることで、子育ての安心感を高める役割を担っていく。

③ 今日、児童虐待が大きな社会問題になっている。痛ましい事件が後を絶たず、児童相談所の虐待相談対応件数は増加の一途をたどっている。保育士として活動していく中で、保護者の極度の不安や孤立、また虐待が懸念される事例に遭遇することが予想される。その際には保護者に寄り添い、支える必要があるが、何よりも大切なことは子どもを守ることである。必要に応じて関係機関と連携して、迅速に対応していく。

子育て支援は様々な機関で行われている。その中で保育園の保育士は多くの子どもが集団で生活し、成長している現場の専門職として、高い知識や技能、そして豊かな経験を身につけることが求められる。更に、地域の子育て支援活動にも幅広く参加していくことも期待されている。

子どもの健やかな育ちのために、何よりも私自身が保育士としての資質能力を磨き、周囲の人々の知恵と力を借りて、やりがいのある仕事に全力で取り組む決意である。

（ウ） 公務員に求められること （800字）

公務員は全体の奉仕者である。このことを意識して、地域住民のために職務に精励することが公務員の使命である。最近、国や自治体が財政負担を軽減していくために「公から民へ」の動きを加速している。私は、このような時代だからこそ、公務員の役割はむしろ重くなってきていると考えている。

信頼されるためには、住民から気軽に声をかけてもらえる公務員

9．公立保育園の採用試験　65

になることである。住民の目線で考え、迅速に行動する公務員が求められている。それには地域の実態や住民のニーズを把握することが不可欠になる。時間があれば地域に出向き、住民と会話する機会をもつように努めていく。そして住民が抱えている悩みにじっくりと向き合い、少しでも問題解決の手助けできるように心掛ける。また私自身が人として、そして職業人として成長していくことが必要不可欠になる。普段から社会の動向に関心をもち、地域の発展に役立てるよう、日々学習を続けていく。

　時代の変化に伴い、今までになく保育需要が増加している。こうした状況を踏まえ、必要に応じて公立・私立や幼稚園・保育園の垣根を超えて手を携える必要が生まれてきている。互いの良さを学び合い、共に保育の質を高め合うことが重要になっている。地域全体で保育を考え、ニーズに応える体制づくりが求められている。公立に勤務する保育士として、地域全体の保育に関心をもち、地域の子育て支援に積極的に貢献していく。

　保育士になることは小さい頃からの夢であった。子どもたちは、これからの地域社会や我が国を背負っていく貴重な人材である。念願がかない保育園で勤務することが実現すれば、労を惜しまず、あらん限りの情熱を注いでいきたい。保護者から信頼され、そして同僚から頼りにされる保育士を目指していく。その為に周囲の人の指導助言に謙虚に耳を傾け、職務に活かすことが大切になる。子どもたちから学び、そして子どもたちとともに成長していく保育士が私の目標である。

Ⅲ 論作文の事例分析とアドバイス

1. 事例分析　　　　　　　　　　　　岩木　晃範
2. 過去問分析と自治体事例研究　　　山田　和広

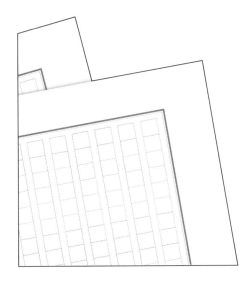

Ⅲ 論作文の事例分析とアドバイス

1. 事例分析

(1) 教師論 (教育は人なり)

◆問題

「教育は人なり」の言葉があるように、教育する上で教員の果たす役割と責任は大変大きなものがあります。このことについてあなたの考えを述べなさい。また、そのことについて、あなたはどのような実践をするか具体的に述べなさい。

◆問題の解説・重要性

1. 教育には「人・モノ・金・運営」など様々な要素が必要である。「人」は保護者、教員、地域の方、友人等学習者である子供を教え、導き、影響し合うすべての人である。「モノ」は教育の施設や設備、教材教具全般である。具体的には校舎や校庭、机や椅子、教科書、楽器や実験器具等、多くのものがこれに該当する。「金」は教職員の給料、施設設備の維持管理費、備品・消耗品の購入費等、教育に必要な諸経費である。「運営」は、前述の「人・モノ・金」がそれぞれの役割を果たしつつ、互いが有機的に連携し相乗効果を発揮するよう組織化し、調整し、円滑化することである。

2. 1で述べたように教育には様々な要素が必要であるが、中でも学校教育の直接の担い手である教員の力量が、教育の成否を左右すると問題文は言っている。

　　教育に与える教員の存在は極めて大きい。吉田松陰の「松下村塾」が明治新政府の原動力となる人材を多数輩出したこと、戦後、焼け野原の青空教室で熱心に教鞭をとった教員の情熱や努力が子供に夢や希望を与え、戦後の驚異的な復興につながったことなど枚挙にいとまがない。こうした点を踏まえ、問題文を肯定的に受

け止め自分の見解を述べる。

◆問題の背景

　教員の資質能力が教育の成否を左右することは時代を超えて言えることであるが、現在、次の点から教員の資質能力の向上が求められている。

⑴　現代の教育課題への対応

　現在学校教育は学力低下・いじめ・不登校・道徳や外国語の教科化・小一プロブレム・中一ギャップ等諸課題を抱えており、課題解決には教員の資質能力の向上が不可欠である。

⑵　家庭や地域の教育力低下に伴う学校教育への期待

　教育は本来、家庭・学校・地域がそれぞれの役割を発揮して行われるが、家庭や地域の環境変化・価値観の多様化等でその機能を発揮できにくくなっている。その結果、学校教育特に直接指導に当たる教員への期待は大きい。

⑶　教員の不祥事等への不安

　大多数の教員は強い使命感を持ち、日夜研鑽に励んでいる。しかし、一部の教員が問題を起こし、指導力に問題があり、マスコミに取り上げられ非難をあびている。

⑷　団塊世代の大量退職に伴う教員の力量への懸念

　長年、学校教育を支えてきた団塊世代が退職し、若手教員が急増している。経験の乏しさ故に指導が未熟である、後手に回る、組織的対応力が弱い等、問題となるケースが出ている。

◆実践の方向

1．教員の資質能力の視点から

　教員に求められる資質能力は一般的に豊かな人間性、確かな指導力、強い使命感等である。その中であなたが必要性を痛感し、なおかつ、「実践」するに当たり具体的なイメージがあり、実践への手立てが描けるものを取り上げると書き易い。

2．自治体が求める教師像に即す

　各都道府県、政令市は求める教員像を打ち出している。あなたが

将来勤務する自治体が必要とする教員像である。受験するに当たりその内容を吟味し、十分理解してほしい。そして、求める教員像に迫るために自分はどのように実践するつもりか考えを整理しておき述べる。

◆答案例 ▶▶▶ 堅実な書きぶりの事例

　児童生徒は学校で学び、多くの人と関わり日々成長する。教育に必要な要素には、共に学び合う級友、教員、保護者、地域の方等の「人」がある。また、校舎、机や椅子、教材教具、図書等の用具類も欠かせない。中でも教員は親近感があり、かつ敬愛すべき存在であり、その発する言葉や態度、生き方などあらゆる面で大きな影響力を及ぼす重要な存在である。

　今日、学校はいじめ・不登校等の教育課題を抱えている。また、家庭や地域の教育力が低下し、児童が確かな学力を身に付け、心身共に健全に育つために教員への期待は大きい。教育の成否の鍵を握るのは教員であり、正に「教育は人なり」である。

　私は、特に「確かな学力を身につけさせる」ことと「一人一人の可能性や能力を引き出す」ことの2点を大切にしたい。

1．確かな学力を身につけさせる

　児童生徒の日々の学校生活を充実させ、将来自立し社会に貢献出来るようにするため、確かな学力を身につけることは重要である。最近、学力向上の兆しは出ているが、学習意欲を高め、基礎基本を身に付け、主体的に新たな課題を解決する力をつけることが教員の重要な責務と考える。

　私は教材研究を充実させ、学習意欲を高める授業作りに努める。教材研究では先ず学習内容に精通する。そのために、教科書、学習指導要領、教師用指導書等を精読し、教材の系統性や指導のポイントをつかむ。それをもとに、学習事項を板書構想に表し、問題把握・追求・まとめが分かり易いか確認する。特に、補助教材の必要性、授業の山場設定の適否をチェックする。

2．一人一人を良く理解し、可能性や能力を引き出す

小学校時代の恩師は毎日日記を書かせ、朱書きをしてくれた。私はその朱書きを読むのが楽しみだった。また、日記の内容を話題に話しかけてくださり、とても嬉しかったことを覚えている。

　私も日記指導を取り入れ、日々の生活の中から強く心に残った喜び、悲しみ、悔しさ、反省等を書かせ、一人一人の児童理解に努める。勿論、日常的に一緒に遊ぶ、じっくり話を聞く、机間指導やノート点検で学習状況もつかむ。その中からその子の特性を見出し、認め、励まし、可能性を引き出す。

　教育における教員の影響力は極めて大きい。私は、すべての方から謙虚に学び、向上心をもって学び続け、確かな指導力と豊かな人間性を備えた教員を目指したい。

◆答案の分析・考察

　この答案は、「考えを述べよ」に対し、「問題の重要性」で前述した点を踏まえ、第1段落で教育における教員の果たす役割と責任の大きさを述べている。そして第2段落で「問題の背景」に触れ、教員への期待が大きいとしている。第3段落は「実践」への繋ぎである。

　実践1は「論→策」の構成である。確かな学力を定着させるために、教材研究で何をどうするつもりか具体的に述べている。

　実践2は「例→策」の構成である。児童理解を深め、一人一人の可能性を見出し伸ばそうとする意図はよく出ている。

　「まとめ」では、設問の重要性を端的に述べ、筆者の教員としての決意を述べている。

　このようにこの論文は、極めてオーソドックスな書きぶりで堅実さはある。しかし、誰が書いても書ける内容であり、個性に乏しいという難点はある。考えを述べる部分で、自分に強い影響力を与えた方のエピソード、あるいは自身が部活動や地域活動等で周囲の人に及ぼした体験等を述べると個性的になり、迫力も出てくる。

72　Ⅲ　論作文の事例分析とアドバイス

(2)　教育の目的（心身の健やかな成長を促す教育）

◆問題
　学校は児童生徒の心身の健やかな成長を促す教育を充実させること
を求められています。このことについてあなたの考えを述べ、その考
えに沿い具体的にどのように実践するか述べなさい。

◆問題の解説・重要性
1．本問題のキーワードは「心身の健やかな成長を促す教育」であ
　　る。これは教育基本法第一条（教育の目的）の「心身ともに健康
　　な国民の育成を期して……」と同じ意味であり、「教育」をどう
　　捉えどう実践するか様々な視点から述べることが可能である。
2．本問題が求めている心身の健やかな成長とはどういう状況かを
　　しっかりとイメージする必要がある。例えば、病気や怪我に強い
　　丈夫な体の持ち主である、多少の困難や難しい問題にも挫けず粘
　　り強く努力すると共にきまりや約束を守り規則正しい生活をす
　　る、自分には厳しくても他人には温かく接し、協力できる、生き
　　ていく上で必要な知識や技能、筋道立てた考え方を身に付け、こ
　　れらを活用できる、等々である。
3．現在の児童生徒は親の世代に比べ体位は向上したが、運動能力
　　は低下し、「疲れる、だるい、やりたくない、めんどう」等後ろ
　　向きの発言も多い。一方、すぐに諦める、我慢できずに切れる、
　　自己決定ができない等、憂慮すべき事態が増えている。夢や目標
　　の実現に向かって真摯に努力する姿勢が求められる。
4．いじめ、不登校は年々増加している。また、お年寄り・障害
　　者・幼児や子供等の弱者を狙った犯罪も悪質化している。正義を
　　愛し不正を憎む健全な精神の育成が緊急の課題である。
5．次代を担う児童生徒は、複雑・多様化する問題を解決し、未来
　　を切り拓くことを託されている。それだけに広い視野や柔軟な発
　　想力を持ち、豊かな心、困難に挫けない強い意志や強靭な体力を
　　備えた「知徳体」のバランスのとれた教育が必要である。

1．事例分析　73

◆問題の背景

1．科学技術の進歩は私たちの生活を便利で快適なものにし、必要なものを容易に手にできるようにした。逆に、苦労して手に入れる喜びは薄れ、努力の成果としての達成感を味わう機会も減少した。目的意識の弱さが意欲の低下を招き、永年、先人が培ってきた伝統や文化の継承が難しくなっている。

2．児童生徒の健やかな成長を阻害する要因も増えている。児童生徒の放課後の時間の使い方は、大半が漫画、テレビ、ゲーム、携帯電話を使った独り遊びであり、人とかかわることが激減している。一方、塾や習い事に時間をとられている子も多い。このようにゲームやメールのやりとり、塾の宿題等で夜が遅くなり「早寝・早起き・朝ごはん」が各地で提唱されている。

3．いじめや暴力行為等の問題行動、不登校や小一プロブレム、体力や自尊感情の低下等の教育課題、いずれも現在の深刻な教育問題である。こうした教育問題解決の糸口となるのが、心身の健やかな成長を促す教育である。

4．世の中が情報過多になり、社会体験・自然体験を伴わない頭でっかちが増えている。汗をかき、智慧を絞り、力を合わせ取り組む過程で身に付くものは多い。心身の健やかな成長は頭と心と体をバランスよく活用させたときに獲得できるものである。

◆実践の方向

1．全教育活動を通し、豊かな心と強い体づくりを進める

「心身の健やかな成長」という言葉に着目し、心を育てる面と強い体づくりの両面から書くと大きなズレはない。

2．知徳体のバランスのとれた「人間性を高める」教育を進める

上記1とは逆に、「心身の健やかな成長」を「知徳体」のバランスのとれた「総合的な人間力」を高める視点からまとめることもできる。心身をそれぞれ別箇に捉えるのではなく「人間性」というトータルで捉えることで心身の健やかさが鮮明になる。

74 Ⅲ　論作文の事例分析とアドバイス

◆答案例

　心身が健やかであることは学校生活を明るく伸び伸びと過ごすために不可欠である。子供が毎朝爽やかな気分で喜んで登校し、帰宅後に学校での生活を生き生きと語るのを聞くと保護者は安心する。また、子供が逞しさ、賢さ、優しさ等を少しずつ身に付けていることが実感出来たとき学校教育への信頼感が増す。

　現在、学校教育はいじめ、不登校、学力や体力の低下等の課題を抱えている。また、自己中心的な言動で周囲と協調できず、孤立しがちな子供や無気力で投げやりな子供も見られる。これらの背景として基本的生活習慣の未定着、社会体験や自然体験の不足、ゲームや携帯電話中心の遊び等が考えられる。

　心身の健やかな成長は生きる基盤である。そこから学力・体力の向上、前向きに取り組む姿勢、自己抑制力の発揮、良好な人間関係等が生まれる。同時にそれらが心身の健やかな成長を促す。

＜子供同士が豊かに触れ合う場を多く設定する＞

　心身の健やかな成長には、心と体のバランスのとれた教育が必要である。学校は集団での生活・学習の場である。子供は遊びや学習の中で友達と豊かに触れ合うことで互いに感化し、助け合い、協力し合いながら心身の成長を促すことが出来る。

　そのため私は、子供が休み時間等に仲間と思い切り遊べるよう私自身が率先して遊ぶ。また、定期的に学級全体での遊ぶ機会を設け全員が関わりあえるようにする。

　授業においても話し合いや調べ活動等、児童が協働できる場がある。それらを多く設けるためにも教材研究を十分行い、単元のどこでどのような協働の場を設けるか検討する。

　さらに給食や清掃活動なども触れ合いの場として活用する。協力して配膳や片付けをしたり、会話を通して相互理解が図れるよう、児童に役割を与える。また、積極的に話しかける等の工夫をする。

　心身の健やかな成長には豊かな触れ合いが必要である。児童同士が触れ合う機会を多くするために私は上記のような環境作りに努め

る。また、人との関わりが苦手な児童もいるため、日常的に児童の様子を観察し積極的に話しかける等の配慮もする。私は児童が伸びやかに成長できるよう気を配りつつ、児童と同じ目線に立つことを心掛ける。

◆答案の分析・考察

1．心身の健やかな成長の捉え方・背景・重要性が述べられている

「考えを述べる」部分は、3つの段落で構成されている。第1段落で、心身の健やかな成長は子供のどのような姿に現れるかをしっかりとイメージしている。毎朝元気に登校し、学校の様子を生き生きと語る子供から学校生活の充実ぶりがうかがえる。同時に「賢さ、優しさ、逞しさ」という頭脳・心・身体の成長を挙げた点は、心身の健やかな成長を的確に捉えた表現である。

第2段落では心身の健やかな成長から捉えた問題点を挙げ、その背景を考察している。いじめや不登校だけでなく、周囲と協調できない状況を挙げ、「実践」で述べる「豊かに触れ合う」の伏線としている。背景も「豊かな触れ合い」と関連づけ、基本的生活習慣の問題、実体験の乏しさ、遊びの変化等様々な視点で捉えている。

第3段落では、心身の健やかな成長は学力等の向上や豊かな人間性の育成と相互関係があると述べ、重要性を指摘している。

2．「考え」と「実践」が密接に結び付き一貫性がある

1でも述べた通り、本論文は、心身の健やかな成長には「人との触れ合いが欠かせない」の立場をとっている。そして、人との触れ合いを具体的にどう深めるかを実践で述べている。強い信念としっかりとした見通しをもっていることがうかがえ頼もしく感じる。

3．「実践内容」が教師の立場から具体的に述べられている

子供同士の触れ合いをどこで、どのように設定するかが具体的であり、実践可能である。すなわち、学級担任として授業中はもとより、休み時間・給食時間・清掃活動等あらゆる機会を活用しようとしている意気込みが伝わってくる。

76   Ⅲ　論作文の事例分析とアドバイス

(3)　教育（児童生徒が将来の夢や目標を持てるようにする教育）

> ### ◆問題
> 　児童生徒が将来の夢や目標をもてるようにすることは大切である。このことについてあなたの考えを述べた上で、あなたは希望する校種の教諭として児童生徒が将来の夢や目標をもてるようにするために、どのように取り組んでいくか具体的に述べなさい。

◆問題の解説・重要性

　次代を担う児童生徒が将来への展望が描けず、自己中心的な言動を繰り返し周囲に迷惑をかけたり、目の前の快楽に耽ったり、自分に自信を失い引きこもったり命を絶つなど苦しんでいる。すべての児童生徒が将来への夢や目標をもち、充実した人生を歩むと共に社会に貢献する人材に育つことが国民の願いである。

　問題文は「将来の夢や目標をもてるようにする」とあるが、単に夢や目標をもつだけでなく、「その実現のために意欲的に取り組む姿勢や取組みの手順や方法を身に付ける」を含むと考えるべきである。

◆問題の背景

　学校を卒業したが就職しない、就職してもすぐにやめる若者が続出し社会問題化している。また、引きこもりや自殺も年々増加傾向にある。幼少時から保護者や教師が敷いたレールに乗り、期待に応えようと頑張りすぎた結果、自分らしさ、自分のやりたいことが見つからない。また、何事もお膳立てされ失敗経験がなく挫折し易い。

◆実践の方向

1．夢や目標をもてるようにする

　児童生徒が夢や目標をもつのは、「好き・得意・憧れ・ライバル心」等がきっかけとなることが多い。動機づけに工夫を凝らしたい。

2．良き体験をさせる

　良き体験は動機づけであり、学び方や学ぶ手順の学習である。

3．成就感を味わわせる

　成就感は新たな挑戦への源泉である。発達段階に応じたステップを設定し、一つ一つの目標をクリアする成就感を味わわせる。

◆答案例1

　将来への夢や目標をもつことで考えたとき、私自身の小学校時代が思い出される。私は両親が教師で家で子供のことや授業のことをよく話題にするのを聞き教職に憧れた。そのことを両親に話した時「教師になるにはもっと授業に集中すること、人に優しくすることが大切だ」と言われ、授業への取り組み方や人への接し方を改めるきっかけとなった。この言葉を毎日の励みとし、将来の夢をかなえるために努力してきたからこそ今の私がある。

　近年、若者の「無就業化」「ひきこもり」が増え、若者の社会的自立の遅れが問題視されている。その原因として子供の頃から失敗や困難を乗り越える経験が乏しい、人とかかわる社会的スキルを学んでいない等が考えられる。人は将来の夢や目標をもつことで、新たに挑戦する意思や苦しいことにも挫けず努力する気持ちが高まる。また、自身の個性や可能性を広げることができる。私は児童が将来の夢や目標をもてるようにするために次の実践に取り組む。

　それは児童が自分の良さに気付き、新しい自分を発見する支援である。児童は欠点に気付くが良さには気づきにくい。欠点や弱点を是正するのも教育だが、長所や得意な面を伸ばすのも教育である。

　私は基礎基本の定着を図りつつ、その子の良さを見出し伸ばす教育を進め、児童が将来の夢や目標が持てるよう支援する。そのため、私は教材研究に力を入れ、万全の準備をして授業に臨む。授業展開では簡潔明瞭な発問や指示、児童の反応の整理分類、見易く分かり易い板書等に心掛ける。一方、児童の良さを把握するために一緒に遊ぶ、話す、作業するだけでなく、学習や生活の中で体験的活動、学級での企画運営等を多く取り入れる。それらの活動から発想の豊かさ、活動の正確さ、人間関係の巧みさ、雰囲気づくりの良さ等々児童個々の良さを認め励まし、新しい自分発見の支援とする。

　将来の夢や目標をもった児童の表情は生き生きとし、日々の生活も充実する。私は、上記の実践を確実に進めると共に、私自身、夢や目標をもち、その実現のために常に向上し続ける教師を目指す。

◆答案例 2

　将来の夢や目標をもつことは、夢や目標に向け自分がすべきことを明確にすることである。夢や目標をもつことで将来の見通しが立つし、努力もするようになる。また、夢や目標を見つけるには自分の得意・不得意、能力、性格と向き合う必要がある。その過程で自分の特性を見出すことができる。

　児童の中には失敗を恐れわざと全力で取り組まない、自己決定に伴う責任を逃れるためにひたすら指示を待ち、周囲に合わせる等のケースがある。夢や目標を失った末がニートや親離れしない子供となっている。夢や目標を持つ教育は社会に活力も与える。

1．著名な方の生き方や様々な職業を紹介し、夢や目標をもたせる

　夢や目標を持たせるにはきっかけが必要である。そこで、歴史上あるいは現在の著名人の生き様や様々な職業を紹介することで見聞が広がり、憧れを抱き易くなる。

　そのために私は、朝や帰りの会で、伝記等を読み聞かせ、新聞記事の紹介をする。その際、夢や目標に向けどのように努力・工夫したかを語り、夢や目標の実現には努力が必要なことに気付かせる。また、地域での体験活動やゲストティーチャーの話を聞く機会を計画的に設定する。そこでは見る、聞く等人とかかわらせ、仕事、趣味、ボランティア等に打ち込む生き様に触れさせ、憧れを抱かせる。

2．困難に挫けず粘り強く取り組ませ、達成感を味わわせる

　夢や目標を達成させることで自信や新しい意欲が生まれる。児童は過保護・過干渉の中で辛く難しいことを避ける傾向がある。困難を乗り越え成し遂げた喜びを味わうまで支えることが大切である。

　私は、将来の夢や目標を実現するために、今何が必要かを個々の児童と話し合い当面の目標と具体的取り組みを明らかにする。次にその目標を机上や壁面に掲示し意識づける。さらに目標への取組状況を定期的に報告させ、その努力等を認め励ます。時には怠け心や弱い心を厳しく叱責し奮起を促し、達成感を味わわせる。

　夢や目標を実現させるには、学力や生活習慣等の基盤づくりも重

要である。私は上記の実践と共に基盤づくりも力強く進める。

◆答案の分析・考察

　２つの答案とも問題のキーワードである「将来の夢や目標をもつ教育」の意義をきちんと捉えている。すなわち、将来への夢や目標をもつことで「新たに挑戦する意思や挫けず努力する気持ちが高まる」「自分の特性を見出せる」「社会に活力を与える」等である。

　こうした教育が求められる背景に、若者の「無就業、ひきこもり、親離れできない」等を挙げており、妥当な捉え方である。

　「実践」は小見出しの有無等書きぶりに違いはあるが、内容面では「夢や目標をもたせる」という共通項もある。

＜答案１について＞　「考えを述べる」では「夢や目標をもつ」に到った自身の体験を最初に紹介し臨場感がある。次に背景として「無就業、ひきこもり」等、現在の若者で問題化している状況を的確に捉え、社会状況に関心のある広い識見をもつ人物像がうかがえる。

　「実践」では、基礎基本を定着させ、良さを見出し、個性として輝かせようとする意図は感じられる。実際、授業で基礎基本を定着させる具体的方策、また、広く良さを見出す手立ても述べている。しかし、夢や目標をもちそれを実現するには努力、根気強さ、周囲との連係協力等、学力以外の基礎的要素が必要である。また、個性として輝かせる手立ても必要であり、言及してほしい点である。

＜答案２について＞　「実践」として「夢や目標をもたせる」「夢や目標を達成した充実感を味わわせる」の２点を挙げている。２つとも、具体的に何をどうするかが述べられており、地に着いた実践がうかがえる。特に、実践２では、「目標等について個々の児童と話し合う」「協議の結果、きまった目標を目に見える形で掲示する」さらに、「認め励ます、厳しく叱責し奮起を促す」では、児童と本気でかかわり合おうとする意気込みが感じられる。また、実践の過程が順序立っており、分かり易い。

　「まとめ」で実践では字数の制約上述べることが出来なかった「基盤づくり」を挙げたのは、１つの書き方として評価できる。

80 Ⅲ　論作文の事例分析とアドバイス

(4)　学力向上 (思考力・判断力・表現力を育む教育の充実)

> ### ◆問題
> 　各学校では、児童・生徒が知識や技能を活用して課題を解決するために必要な思考力・判断力・表現力を育む教育の充実させることが求められています。このことについて、あなたの考えを述べた上で教師として具体的にどのように実践するか述べなさい。

◆問題の解説・重要性

　日本の子供は応用力や自己決定力が弱い、との指摘があり、学習指導要領でも「自ら考え、主体的に判断する力」の育成を求めている。表現力は言語活動の充実とも関連が深く、自分の考えや思いをしっかり持ち、それを整理し分かり易く伝える力である。

◆問題の背景

　「自ら考え、主体的に判断する力」が低下し、指示待ち人間が増えたこと、自分の考えや思いを確実に伝える表現力に乏しいことが背景にある。今日私たちは、地球環境・エネルギー・医療・福祉等多くの課題を抱えており、その解決には新たな発想や手法が不可欠である。また、和を尊ぶ日本人の良さを生かしつつ、国際化が進む中で自己主張出来る人材も求められている。

◆実践の方向

1．主体的学習を推進する

　児童の主体的学習が提唱されてから久しいが、教師主導の教える授業が多くみられる。児童が自ら学習課題をつかみ、既習の学習や経験を駆使し課題を追求し、集団思考を重ね課題を解決する学習を具体的にどう展開するか述べて欲しい。

2．言語活動の充実を図り、表現力を高める

　確かな表現力は体の諸器官を通して感じ、考え、整理した上に成り立つ。言語活動を通した表現力を高めるには聞く・話す・書く等のスキルも必要なので、その具体策にも言及して欲しい。

◆答案例1

思考力・判断力・表現力の育成は人口や食糧、エネルギー、環境、福祉等々人類が抱える様々な課題解決のために不可欠である。既習の知識や経験だけでは解決の糸口がつかみにくいからである。しかしながら、子供たちの思考力等に課題があることは学力調査結果等から明らかである。この背景には少子化の中で子供が細かに指示・管理されていること、知識・技能習得型の授業が多いこと、周囲への気兼ねや自信の無さから自ら表現することをためらうこと、等が挙げられる。そこで私は以下の実践に取り組む。

１．基礎基本を定着させ、思考力・判断力・表現力の基盤を築く

私は中学・高校と部活でサッカーをやってきた。日々の練習でパス・ドリブル・シュートは繰り返し行った。基礎練習を積み重ねる中で様々なバリエーションを考えることができた。また、試合では練習したことを体が覚えていてとっさの判断もできた。この経験は、基礎基本の重要性を私に再認識させてくれた。

これは学習指導でも同様であり、基礎基本の定着が大切である。そこで私は、事前の教材研究で先ず、ねらいを明確にする。次に、学習意欲を高める教材教具を吟味し、その提示法を含め授業展開を工夫する。また、実際の授業では、簡潔明瞭な発問・指示、板書で学習のポイント整理、反復練習の取り入れ等に努める。

２．体験的活動から感じたこと・捉えたことを表現させる

映像、実物、自ら操作する等の体験的活動はインパクトがあり、感じ方や捉え方も多様になる。私は体験的活動を多く取り入れ、自分なりの感じ方や捉え方に自信をもち、表現できる子供を育てる。

そのため、どこでどのような体験活動を取り入れるかを十分教材研究する。また、その子らしい捉え方を高く評価し、様々な感じ方があることを実感として受け止めさせる。さらに、表現方法も「発表する、文字に書く、絵に描く、身体表現で表す」等、多様な手法を経験させ、時と場に応じて使い分けられるようにする。

次代を拓く役割を担う子供には、新たな発想や手法が必要である。私は、上記２つを確実に実践し期待に応えたい。

◆答案例 2

　子供を取り巻く環境は、少子化情報化等急速な社会変化の中で大きく変わっている。新しい時代は、既習の知識や経験では解決困難な課題も数多くあるだろう。困難な課題に立ち向かい解決するためには思考力・判断力・表現力を育むことが重要である。

　私が思考力等を育むことが出来たのは、授業内の発表活動であった。課題解決のために既習事項を用いて、友達に理解してもらうにはどうすればよいかを考え、発表する学習が私の成長につながった。思考・判断・表現の際に必要なのは文字、数字、記号等である。情報を読み取り、再構築し、それを自分の言葉に直す、絵や図で表す能力は、言語活動と強く結びついている。私は思考力・判断力・表現力を育むために言語活動を重視した授業づくりを行いたい。

　そのために私は先ず、子供にどんな力を付けさせるのかを明確にし、それに応じた言語活動を精選する。例えば、図やグラフから情報を読み取る力を付けるには、図やグラフに表された数字を比較し何を表しているのか考え、自分の言葉で説明し、文章等にまとめる学習を取り入れる。

　次に、言語活動を軸に授業の組み立てを行う。導入時では、疑問や興味を持たせる教材提示や発問を用意する。展開では、学習方法を確認し主体的に学ばせる。ここでは具体物や視覚教材を活用し、操作・観察・調べ学習などの体験的活動を行う。そこに、情報を読み取る活動、言葉や絵で表す活動を取り入れる。終末では、わかったことや授業の感想をまとめる、発表する等の表現活動を取り入れる。このようにどの教科でも言語活動を中心とした指導を行う。その際、学習内容を精選し、じっくり取り組ませる点に留意したい。

　学級生活の中でも、学級図書や学級ボールの扱い方のルール等はじっくり話し合わせ、主体的に解決させる。これらを積み重ねることで自ら思考し、判断し、表現する力を育む。こうした力を育むために、私自身「子供を信じて待つ」姿勢を大事にする。

◆答案の分析・考察

　2つの答案は書きぶりは異なるが、「思考力・判断力・表現力を育む」問題であることを捉え、その必然性を述べている点は共通している。また、自身の体験を盛り込み、自分らしさを出している。

＜答案1について＞　「考えを述べる」では、思考力・判断力・表現力を育むことの意義を述べた後、その背景を考察している。背景に上げた家庭環境、授業上の課題、児童自身の問題は、その内容の確かさ、多面的視点で捉えた点が光っている。

　実践1の「思考力・判断力・表現力の基盤を築く」ために基礎基本を定着させると述べている。思考力等のいわゆる応用部分は基礎を身に付けて初めて可能となる。基礎基本を定着させる手立ても事前の教材研究で具体的に何をするか、授業展開ではどこに留意するか述べられている。このように筋は通っているが、思考力等をどのように伸ばすか設問にズバリ答えていない点が弱い点である。

　実践2は「体験的活動を通して表現力を高める」としている。体験的活動が多様な感じ方・捉え方を引き出すので、強く感じ、考えた点を周囲に気兼ねせず表現させようとする意図が伝わってくる。

＜答案2について＞　「考えを述べる」で、自身を高めてくれた学習方法を取り上げている。その学習法は突き詰めると「言語活動を重視した授業作り」であると言い切っている。

　そして実践では、言語活動を軸にした授業づくりをどう進めるか述べている。それは、先ず、ねらいとそのための言語活動をどう精選するかを述べている。次に、授業の導入・展開・終末の各段階で具体的に何をどうすべきか述べている。特に、内容を精選し、じっくり取り組ませる点に留意する意向がよく出ている。

　まとめ段階では、児童の主体的な活動を、授業に限定せず、学級活動等を有効に機能させ、児童の主体的な活動を促す点が述べられている。それにより、論文に広がりと深まりが出ている。また、「子供を信じて待つ」に、受験者の教育観がうかがえる。

84　Ⅲ　論作文の事例分析とアドバイス

⑸　生命尊重の教育（自他の生命を尊重する心を育てる学級経営）

◆**問題**（平成27年度用　東京都の問題）
　各学校では、児童に自他の生命を尊重する心を育てる教育の充実を図ることが求められています。このことについてあなたの考えを述べた上で、その考えに立ちどのように学級経営に取り組んでいくか述べなさい。

◆問題の解説・重要性

　「自他の生命を尊重する心を育てる教育」をどう考えるかと「そのための教育を学級経営でどのように取り組むか」を問う問題である。実践は「学級経営」という条件がついている。学級経営は広い意味で各教科、道徳、総合的な学習の時間、生徒（生活）指導、環境整備、家庭・地域との連携を含むので、限定的に捉える必要はない。

　東京都では過去にも類似の問題が出題されたが、今もっていじめ、自殺、青少年の殺人・暴力事件等は歯止めがかからず、深刻な事態である。子供が生命の尊さを実感できる教育が求められている。

◆問題の背景

　生命の尊さが強調される背景にはいくつかの要因がある。1つは子供たちは日常生活の中で、人の生死を体験する機会が極めて稀な点である。核家族化が進み、隣近所との付き合いが希薄化した都会の生活では命の誕生や死の悲しみに立ち会う機会が皆無に近い。別な要因では、生命軽視の風潮の強さである。漫画、ゲーム、ネット情報では暴行・殺人等の残虐な行為が日常化し、子供の中には「実際に殺してみたい」「死んでも再生する」と考えている子もいる。

◆実践の方向

　生命の尊さや大切さを実感させる実践は多様である。
1．道徳科を通し、生命の尊さや大切さを感得させる。
2．道徳科、理科、保健体育、総合的な学習の時間、健康安全指導等、全教育活動の中で指導する。
3．具体的に世話する飼育栽培活動等の体験をさせる。

◆答案例1

　いじめや暴力を苦に人間不信に陥る、性格が変わる、自殺する等が報道される度に胸が痛む。学校は安全で児童の健やかな成長を促す場である。その学校でいじめや暴力行為が発生し、自他の生命を脅かす事態は絶対に放置できない。また、虐待や事件・事故でかけがえのない命が奪われることは大変悲しい。

　現在の児童は核家族化の中で、人の誕生や死に直面することは稀で、新しい命を待ち望む、永久の別れを悲しむ実感に乏しい。逆に、ゲームの世界では死んだ人も簡単に再生し、仮想と現実との区別もつきにくくなっている。命の尊さを実感させる教育は重要である。

1．「命の教育」を全教育活動に位置づけ計画的に指導する

　すべての教育活動は計画的に実施した時に教育効果が高まる。命の大切さを実感させるには全教育活動の中に生命尊重教育を計画的に位置づけ実践することが大切である。

　私は保健、理科、道徳、学級指導等、全教育活動のどこで、どのような内容の「命の教育」が可能か検討する。その内容は学年の発達段階や教科のねらいにより一律ではないが「たった一回きりの限りある命」「かけがえのない命」「多くの人に守られ支えられてきた命」「命のつながり」等を強調し、命の大切さに気付かせたい。

2．健康安全指導を徹底させ、加害者・被害者を出さない

　遊びやけんか、理科の実験、家庭科や図工科での実習、体育の授業等、学校生活には一歩間違えると生命の危険にさらされる事態が多くある。逆に言えばそれを回避することで危険予知能力が高まる。

　私は、健康安全指導を徹底し、危険を回避させる体験を通し自他の生命を尊重する心を育てる。そのためには危険箇所はどこか、危険を伴う活動は何かを事前にチェックする。また、先輩に指導のポイントを聞く。そうした点を児童全員に周知させ、指導の不徹底により児童を加害者にも被害者にもしない学級経営に努める。

　人は少しのことで傷つき落ち込み易いし、仲間の支えで立ち直ることもできる。私は教師と児童、児童相互が強い絆で結ばれた学級

づくりに努め、自他の生命を尊重する心を育てていきたい。

◆答案例2

子供は日常軽い気持ちで「死ね」「消えろ」「ぶっ殺す」などの酷い言葉を使っている。また、仲間を暴行・殺害する事件やいじめを苦に自殺する子もおり、命が軽視される風潮がある。憂慮すべき事態である。そもそも、生命はすべての人に平等に与えられ、その重さもまた平等である。また、ある一人の命は幾世代にもわたり受け継がれた結果、存在するものである。命を絶つことは連綿と続いた繋がりを断ち切ることである。かけがえのない命を大切にする子供を育てるために私は次の2つの取り組みを行う。

1．道徳の授業で生命の尊さを実感させる

私が参観した道徳授業では、難病の子が懸命に生きようとし、両親や周囲の人がその命を救うために力を合わせる姿を感動的に描いた資料を扱っていた。教室の子供は「○○ちゃん大丈夫だよ」「手術頑張って」の声が漏れ、1つの命の重みを実感していた。

私もこの授業のように心に響く道徳の授業を行い、生命の尊さを実感させたい。そのために、先ず、資料選択に力を注ぐ。ねらいを達成するのにふさわしい感動的資料を副読本、映像教材等から選択する。次に資料提示や発問構成等を十分教材研究する。授業では子供と感動を共有しつつ、生きることの素晴らしさを感得させたい。

2．動植物の飼育栽培を通し、生命の尊さを実感させる

道徳の授業で心を耕すと共に、日々の生活の中で生命を慈しむ体験をすることで、生命を尊ぶ心はより深まる。

私は、教室環境の美化を兼ねて魚や亀の飼育、一人一鉢栽培を学級経営の一環として行う。そのため先ず、動植物の飼育栽培は命を守り育てる活動であることを理解させる。次に、飼育栽培の方法等を子供に調べさせ、それを発表させ実際に体験させる。また、うっかり忘れを防止するため日直に声掛けもさせる。子供は成長の喜びや病気の心配等の体験を通し、生命の尊さを実感できると信じる。

自他の生命を尊重することは、互いに手を取り合って生きること

である。私は子供の学校生活が素敵な出会い、確かな成長に繋がり、生きることの素晴らしさを実感できるような学級経営に努める。

◆答案の分析・考察

2つの答案には何点かの共通点がある。第1には「考えを述べる」際、自他の生命が軽視される事件や事故の状況を取り上げ、生命尊重にかかわる具体的イメージを捉えている。また、憂慮すべき事態との見解を示し、生命尊重教育の重要性を述べている。第2には「健康安全指導や動植物の飼育栽培」という学級経営の一翼を担う点を取り上げ、設問が設定した「学級経営」でという条件をクリアしている。第3はまとめが「自他の生命を尊重」「学級経営」というキーワードを用い、設問に正対している点をアピールしている。

＜答案1について＞　「考えを述べる」ところで生命尊重教育が求められる背景を「誕生と死」「仮想と現実の未識別」の点から捉え説得力がある。

「実践1」では、「命の教育」を全教育活動に位置づけ、意図的・計画的に指導するという視点が優れている。論文の中で指導計画に着目した実践は少なく、教育に対する認識の確かさがうかがえる。

「実践2」の「加害者・被害者を出さない」はユニークな視点である。安全指導に万全を期し、事故や不要なけんかを回避することで自他の生命を守ることは、学級経営上大切な視点である。そのための方策にも具体性がある。

＜答案2について＞　「考えを述べる」ところで、生命を尊重する重要性が「命の平等性・継続性・唯一性」の視点から述べられている。

「実践1」では「心に響く道徳の授業」をどのように行うかが具体的に述べられている。資料選択・資料提示・発問構成等から、道徳授業のポイントを良く認識していることが分かる。

「実践2」では、小動物の飼育と一人一鉢栽培という生命尊重を体験的活動とリンクさせている。多くの学校が実際に取り組んでいる内容であるが、単なる体験ではなく、体験させる際の留意点に細かな配慮がなされており実践的である。

88　Ⅲ　論作文の事例分析とアドバイス

(6)　いじめ問題（いじめ問題の未然防止）

◆問題
　いじめ等の問題行動は未然防止することが求められています。
　このことについてあなたの考えを述べなさい。また、その考えに基づいてどう実践していくか具体的に述べなさい。

◆問題の解説・重要性
　いじめを未然に防止することが何故大切か、あなたは未然防止のためにどのように実践するかを問う問題である。
　いじめの形態は暴力等による身体的苦痛を伴うもの、言葉・書き込み・辱め等の精神的苦痛を伴うもの、除け者・無視・上下関係等の関係的苦痛を伴うもの、金品の強要等を迫る犯罪型のもの、これらの複合型等多様である。いじめの対象になった子は、身も心もずたずたになり性格が一変する、犯行に引きずり込まれる、いじめを苦に自殺する等々、被害は深刻である。
　また、いじめは単にいじめる子といじめられる子だけの問題ではない。周囲の子供の大部分はいじめに気付きつつ、関わりを恐れ傍観しているケースが多い。学級の人間関係・協力助け合い関係・規範意識・自治活動等の集団機能が低下・マヒ状態となる。このように多くの問題点を抱えるだけに、いじめ防止は学校教育最大の課題とも言える。

◆問題の背景
1　いじめ問題は年々深刻化・複合化している
　最近はインターネットを通じていじめに巻き込まれるケースも急増し、いじめ問題は年々深刻化・複合化している。そのため、2013年（平成25年）6月「いじめ防止対策推進法」が公布され、同年9月から施行された。この法律に示されたように国、地方公共団体、学校、地域住民、家庭その他関係者は連携して、いじめ問題克服を目指すことを義務付けられた。
2　いじめの発見が遅れがちである

1．事例分析　89

　いじめが深刻化・複合化しているにもかかわらず、いじめは外部から見えにくく、遊びとの区別も難しい。しかも、いじめられた子が素直に助けを求めにくい雰囲気もあり、発見が遅れがちである。
　発見の遅れは被害を拡大・深刻化させ、子供の心に消すことの出来ない大きな傷跡を残す。また、その解決には膨大な時間と労力も要する。未然防止こそ重要である。

◆実践の方向
1　「いじめは許されない行為である」ことを浸透させる
　いじめは犯罪であり決して許されないこと、人間として恥ずかしい行為であることを学級全体に浸透させる。そのため、いじめを受けた児童がどれだけ苦しみ、悩み、希望を失い追いつめられるか等々を学年の発達に応じ伝える。また、参考資料や具体的事例を通して、いじめに該当する行為や態度を教える。さらに、見て見ぬ振りをすることは、いじめを助長しているのと同じであることを伝える。その他、すべての教職員がいじめは絶対に許さない強い姿勢で臨むこともあらかじめ周知する。
2　どの子も大切にされる学級作りを進める
　自他共にかけがえのない存在として大切にさせる教育を進める。そのため、教師が率先して一人一人の成長や努力を認め、自信や誇りを持たせる。また、児童相互が互いの良さや頑張りを称える機会を設定する。さらに、学級全員が協力して取り組む課題を設定し、どの児童も学級の大切な一員であることを実感させる。
3　規範意識を高め、不正を許さない学級風土を築く
　いじめ防止には公平で正義感に満ちた規範意識の高い学級風土が必要である。そのため、挨拶励行、時間や規則の遵守、公共物の使い方等集団生活の基本を周知させる。また、規則等は必要最小限に厳選し、それが遵守出来たかを日々確認し、徹底を図る。

◆答案例
　いじめは人格を踏みにじり、命さえ奪いかねない重大な人権侵害であり、卑劣な行為である。勿論、絶対に許されない行為であり、

見逃してはならない。いじめられた子は誰にも打ち明けられず、毎日が地獄の苦しみである。一方、いじめに加担した子や見て見ぬふりをした子は自分を責め、罪の意識を抱える。また、いじめは互いを人間不信に陥らせ、集団を壊す力となる。このように様々な問題を引き起こすので未然防止こそ最善の策である。

　私は中学生の頃、ふとした時に無視されていることに気づき、周りの友達が怖くなり、学校に行きにくい日もあった。子供の頃の体験は中々消えず、私はいじめ問題をどこかで逃避してきた。しかし、私は今教師を目指しており、教え子にいじめの辛い思いを絶対させたくない。そのため、以下の点に取り組む。

1．子供の心の居場所づくりに努める

　中学生の時の私は「心の拠り所」となった担任の先生に救われた。先生は日々の連絡ノートで私の不安を解いてくれ、放課後２人きりで話をする時間をとってくれた。

　私は、子供一人一人を心から愛し、どの子もかけがえのない子として接し、健やかな成長のために時間も労力も惜しまず相談にのる。

　また、一人一人の良さや頑張りをクラス全員の前で認め、保護者にも伝え自分に自信を持たせるようにする。さらに、子供同士が良好な友達関係となるようパイプ役となる。このように子供に心の安定と自信そして仲良しの友達を得させ、心の居場所をつくる。

2．子供をよく観察し、情報も入り易くし小さな変化を見逃さない

　細心の注意で学級作りをしてもいじめは起こり得る恐れがある。万一いじめの芽が出ても素早く摘み取るのも未然防止である。

　私は休み時間や放課後、子供と一緒に遊び、話をすることで、一人一人をよく観察し、それを子供毎のファイルに記録する。また、自分で観察したことばかりでなく、友達・他の教職員・保護者等から情報が入り易くしておく。そのためには、様々な方からの情報を真剣に聞く、得た情報を確認する。できれば、情報提供者にいただいた情報をどう活用したか報告することで、次の情報を入手し易くする。

いじめ根絶は教師の使命であり、未然防止こそ最善策である。私は、【人の気持ちに立って考えられる】という自分の良さを生かし、上記の実践を確実に進める。

◆答案の分析・考察

① 自身の体験を巧みに盛り込み強い決意に満ちている

本論文は受験者が自身の体験を巧みに盛り込み、「いじめを未然防止する」という決意に満ちた論文である。自身の体験・思いが強く出ているのは【無視された経験】【辛さを乗り越えさせてくれた恩師の力】【自身の持ち味を生かす】の３か所である。

この３つにより、受験者の人柄が滲み出て、実践が重みと具体性を増している。それらが採点者に安心感を与え、「こういう方なら採用してみたい」等の心を捉えている。

② いじめ問題の認識が確かである

いじめは人権侵害であり、卑劣な行為であると言い切っている。また、いじめはいじめられた子、いじめた子双方の心に大きな傷を残す、人間関係を壊す等の弊害を捉えている。さらに、いじめの当事者だけでなく、周囲で見守り、関知しない、一般の子を含めた集団の問題と捉えた点が核心をついている。

③ 未然防止策が適切である

「心の居場所づくり」のために、子供を心から愛し相談にのる、認め褒めて自信を持たせる、子供同士をつなぐパイプ役になると述べている。第２の実践「小さな変化を見逃さない」ために、子供との時間を共有するだけでなく記録に残すとした点が良い。

また、いじめの兆候が見えにくい点を考慮し、周囲からの情報が入り易くするとした点も良い。

他の策として道徳教育で、他者の痛みを知る、勇気を出し正義の実現に努める、自他の生命を尊重する等、いじめに関連する指導内容を重点的に取り上げる等も考えられる。

92   Ⅲ　論作文の事例分析とアドバイス

(7)　生活指導（規範意識を高めるために子供とどう向き合うか）

> ### ◆問題
> 　最近児童生徒の規範意識の低下が指摘されています。このことについてあなたの考えを述べなさい。その考えに基づいてどのように実践していくか具体的に述べなさい。

◆問題の解説・重要性

　いじめ、暴力、学級崩壊、万引き、喫煙等の問題行動をイメージし、規則を守り皆で気持ちよく生活する子供をどう育てるか危機意識を持って臨んで欲しい。上記の問題行動が深刻であることは、教育基本法の前文及び教育の目標に「公共の精神を尊び」の文言が加わった点からも明らかである。

　きまりや約束は、集団や社会が安全かつ快適に機能するよう創り出したものである。きまりを遵守することで集団の結束力が高まり、不公平感もなくなる。また、きまりを守り周囲に迷惑をかけないことで信頼感も高まる。すべての子供の安全で快適な学校生活を保障し、良き社会人の育成には、規範意識を高める指導が不可欠である。

◆問題の背景

　規範意識低下の背景には「社会全体のモラル低下」「家庭や地域の教育力低下」等の問題がある。利害損得優先の風潮の中で年々増加するいじめ問題、企業ぐるみの犯罪、高齢者や障害者等を狙った卑劣な犯罪が後を絶たない。また、時と場をわきまえず自己中心的な言動を繰り返す若者、隣に無関心で注意しない社会等々、課題山積である。

◆実践の方向

1．1つ1つのきまりが何のために創られたかを理解させる。
2．道徳の時間等できまりを守ることの意義、守ろうとする心情や意欲、きまりを守って生活した時の充実感等を実感させる。
3．すべての教師がきまりに対し、同一の指導方針を貫き、教師個々の都合で甘さや厳しさが出ないように共通実践する。

1. 事例分析　93

◆答案例1

　私は今まで、お店や電車内で騒ぐ公徳心をわきまえない子、言葉遣いが悪い子に出会ってきた。また、世の中ではインターネットの成人向けサイトへの接続、未成年の飲酒・喫煙、いじめ・暴力・万引き等、様々な問題が発生している。

　大人はこうした問題に対し、目をつむる傾向がある。実際、私自身も他人意識があり、問題行動が気になっても実際に注意した経験はあまりない。それではいつまでたっても子供も社会もよくはならない。まして、次代を担う子供を育成する立場にある教師は、子供たちの自制心を育て、社会生活を送る上での規範意識は身に付けさせなければならない。そこで私は次の二つのことを実践したい。

　先ず、善悪をはっきりさせ、何事も目を伏せることなく一貫した態度で子供たちに向き合う。教師である私は責任をもって子供たちを正しい道に導く存在でなければいけないと認識している。

　そこで私は、今までの自分とは違い、善いものは善い、悪いものは悪いと毅然とした態度で子供たちに臨む。それには、「子供に嫌われるかも」などと恐れず、愛情や真心は必ず伝わると信じて臨む。その際、絶対にえこひいきしない。また、これは自分一人だけでなく家庭や地域にも協力要請し、子供たちを見守る大人みんなが、物事の善し悪しを教えていける環境をつくる。このように子供を取り巻く環境も整えつつ規範意識を高める。

　次に道徳の授業の充実を目指す。規範意識を高める授業だけでなく、子供が興味をもって「人としてより善い生き方」を考えられる授業をする。そのために、先輩教師の指導を受け適切な教材選択、心に響く授業の進め方などを学んでいきたい。同時に道徳授業を上司や同僚に公開し、進んで指導を受ける。さらに、道徳の時間と日常生活とを関連させ、全教育活動の中で道徳の時間の学びを活かせるように常に気を配る。

　私はこれまでの自分の態度を大きく改める意思をここまで述べてきた。子供たちが自制心や規範意識を高め、周囲に迷惑をかけず生

活できるようにするために、全力で上記の指導に当たる覚悟である。

◆答案例2

　今、児童生徒の規範意識は低下しつつある。話を聞く、授業中勝手に席を立たない、宿題は必ずやる等、以前は当たり前に守られてきた些細なきまりや約束を守れない子供が学級に何人かいる。

　しかし、これは大人社会を映す鏡でもある。振り込め詐欺、個人情報の不正アクセス、身内の殺人事件、産地偽装等、以前は考えもしなかったことが日常的に起きている。規範意識の低下は、学校現場のみならず、今日の日本では、深刻な問題になりつつある。

　きまりや約束は、社会生活上誰もが安全かつ気持ちよく生活するために作られたものである。きまりを守れないと周囲から非難され、信頼を失い孤立する。きまりを守ることは社会を維持・発展させる上で、また、良識ある社会人として必要不可欠である。

＜教師が強い姿勢で臨み、規則やきまりの徹底を図る＞

　私の恩師は、体育着を着用しない児童には体育をさせない方針であった。恩師は、体育の授業における身支度や安全対策の必要性を話され、必ず体育着を着用するよう指示された。その後、一切の例外を認めず、児童に「ルールは守るもの」の意識を浸透させた。

　児童にとって教師の影響力は大きい。教師は、高い規範意識をもちきまりや約束を守るだけでなく、ルール無視や約束違反を見逃してはならない。徹底を図りたい事柄は、強い意思でやりぬくことが児童の規範意識を高めるのである。

　私はきまりの徹底を図るため、まず、きまりや約束を必要最低限に厳選する。きまりが多いと忘れたり見落としたりする。また、きまりで縛ると学校生活が窮屈になる。次に、そのきまりの必要性、意味をきちんと理解させる。例えば「人の心や体を傷つけない」では、人も自分同様かけがえのない命をもち、楽しく生活したいと願っていることを学年に応じて理解させる。さらに私は、児童と一緒に行動し、児童がきまりを破る前に自分でブレーキがかかるよう声かけをする。それでも守れないときは、厳しく注意し徹底を図る。

私は全児童が気持ちよく学校生活を送れるようにするため、規範意識を高め、集団の維持管理に全力を尽くす。

◆答案の分析・考察

読んでわかる通り、2つの答案は書きぶり、内容はかなり違いがある。しかし、問題の趣旨や背景をよく理解した上で自分の考えと実践を述べており、力強い論文である。

＜答案1について＞　論文全体にわたり「自分」を前面に出し論述している。冒頭で自分が直接見聞した子供の事例を挙げ、次いで規範意識が低下した青少年の姿を具体的に述べている。しかも青少年の規範意識低下は自分を含めた大人の問題であると捉えている。

それ故、規範意識を高めるには綺麗ごとを述べるのではなく、自身が善悪の正しい判断の下、指導に当たっては毅然たる態度を貫くとしている。受験者の並々ならぬ意思が読みとれる。

実践2では、道徳の授業の質を高めるため、先輩教師から教材選択や授業展開の仕方、実際の指導法を学ぶことが具体的に述べられている。また、道徳授業と道徳的実践を結び付ける点を述べた点に道徳教育と授業との関連についての確かな認識がうかがえる。

＜答案2について＞　論理的にしっかりと構成された論文である。【考えを述べる】では、＜規範意識が低下した子供の現状＞＜背景の考察＞＜規範意識を高めることの意義＞が分かり易く述べられている。【実践】は＜例・論・策＞のスタイルに沿っている。注目すべきは、規則やきまりの徹底を図るための＜策＞が4段階を踏んでいる点である。4段階とは次の通りである。

①きまりを厳選する。きまりで縛ると窮屈である。②きまりの必要性、意味を理解させる。③きまりを破る前に自分でブレーキをかけるよう仕向ける。④守れないときは、厳しく注意する。

上記の4点は教育実践の順序等を示したものであり、この実践なら効果が上がるかもと読み手に感じさせる内容となっている。実践を1つに限定し、それを詳しく述べているので具体性がある。実践策が1つでも十分意図する点が述べられる、という事例である。

96   Ⅲ　論作文の事例分析とアドバイス

⑻　学級集団づくり

◆問題
　各学校では、児童生徒が互いに理解及び信頼し、目標に向かって励まし合いながら成長できる集団をつくることを目指しています。このことについてあなたの考えを述べなさい。また、その考えに立ち具体的にどのように取り組むか述べなさい。

◆問題の解説・重要性
１．学級は学習の場であり、生活の場である。児童生徒は学級を基盤に友情を築き、人間関係を深める。また、集団の一員としての基本的生活習慣の定着、集団生活のマナーやルールの遵守と役割分担、自治活動の体験等々、社会性を身に付ける貴重な場である。
２．本問題は、児童生徒が友達のことをよく理解し、互いに協力し合うと共に切磋琢磨し合って成長する学級づくりの問題である。
　　このような学級づくりがなぜ必要か。また、具体的に学級づくりをどう進めるかを問うている。

◆問題の背景
　学級崩壊は極端な事例だが、学級がまとまらないケースが増えている。その背景には、席に座っていられない、話が聞けない、自己中心である等、児童の社会性の遅れがある。また、教員に児童間のトラブル処理能力や集団をまとめリードする力量が十分備わっていない等、指導力の問題もある。

◆実践の方向
⑴　温かいかかわり合いを大切にする
　教員自らが児童生徒一人一人をかけがえのない存在として扱い、どの子も温かい眼差しで接し愛する。そして、児童生徒相互が信頼し助け合える人間関係づくりに気を配る。特に、独りぼっちの辛い思いをさせない。教員が児童をつなぐパイプ役となる。
⑵　小集団、学級全体が助け合い、協力する場を設定する
　助け合い、協力を体験させるため、小集団での調べ学習や楽しい

1．事例分析　97

会食、グループ対抗○○大会等を意図的・計画的に設定する。また、学校行事と関連付け学級全体の取組みを適宜設定する。

◆答案例1

人は一人だけでは成長に限度がある。仲間と刺激し合い、互いを高め合う関係があってこそ無限に成長できる。そういった関係を築くには、互いを理解し、信頼し合える相手でないとできない。相手を理解するということは、その人の欠点や長所も把握できているということである。相手の欠点を自分が補い、長所である部分の力を借りるという助け合い支え合うことが出来てこそ互いを高め合うことに繋がる。一方、集団が一致団結するためには共通の目標が必要である。集団で取り組むからこそ壁を乗り越えることが出来、力を合わせることの大切さや達成感を実感できる。

私は中学時代、バスケ部の部長を務めた。最初は、一人でチームを作り上げようとしたがうまく進まなかった。そこで部員それぞれとコミュニケーションをとるようにした。また、練習中は人一倍励まし続けた。励まし、相手を理解することで信頼関係が深まり、部員の率先協力も生まれ、チームのまとまりも出来てきた。

この経験を生かし私は、児童が互いに理解し合える場作りに努める。そのため先ず、人間関係を左右するグループ編成や座席決めに細心の注意をする。児童一人一人の能力・性格・友人関係を観察し、他の教職員からの情報も収集して行う。決めて終わりではなく、小集団学習や給食時の会食等で互いを理解し、協力し合う場を適宜設定する。また、「友達の良いとこ見つけのカード」などを用意し、記入したら帰りの会等で紹介した後、所定の場所に掲示する。

2つ目に私は、学級全員が互いに切磋琢磨し高め合う機会を設定する。自分一人では挫けそうになることも友達の頑張りに刺激され怠け心を克服することはよくある。そのために、読書・縄跳び・家庭学習などで個人カードを持たせ、記録させ、日々の努力が目に見えるようにする。同時に、一定段階に到達した人や月別努力者を表彰するなどして達成感を味わわせるようにする。

人は周囲の環境に左右され易い。良き学級集団は心を安定させ、意欲的に取り組むエネルギー源となる。上記の事柄を実践すると共に、私自身が上司や同僚の信頼を得られるよう全力を尽くす。

◆答案例2

集団や社会の中で生きていくためには、他人と協調するする力が不可欠である。よい仲間や集団は毎日の生活を楽しいものにし、夢や勇気を与えてくれる。また、様々な課題も他者と互いに理解し合い、協力し合うことで解決の糸口や具体的な解決方法が見つかる。

しかし、子供たちを見ると引きこもり、自己中心的な行動、いじめ等々、協調とは正反対の言動が目立っている。独りでのゲーム遊びやメールのやり取りなど人とかかわる機会が減り、指示待ちで生活してきたため、煩わしいことや積極的に人とかかわることを避けていることなどがその原因と考える。

1．他者を大切にする気持ちを育てる

人は能力・性格・得意不得意等は異なるが、誰も必ず良さを持っており、しかも皆もっと善くなりたいと願っている。それぞれが持つ良さを知り、認めることで学級は許容的雰囲気が芽生える。

そのために先ず私自身どの子もかけがえのない子として接する。時間がかかる、素直でない、だらしない等気になる言動をとる子でも決して差別せず見捨てない。そして、わずかな成長や努力を見逃さず全体の前で褒める。次に、帰りの会等で友達の「小さな親切」「感心したところ」の紹介を行い、児童相互が友達の良さや頑張りに気付けるように仕向ける。

2．言語環境を整え、温かい学級風土をつくる

小学校時代の恩師は言葉遣いのきれいな方だった。話し言葉は丁寧で穏やかであり、私たちも自然と乱暴な言葉遣いや心を傷つける言い方をしなくなり、教室がとても温かい雰囲気だった。

私は、気持ちの良い挨拶は勿論「ありがとう。ごめんなさい」が素直に言えるよう粘り強く指導する。また、「いいよ、いいよ。どんまい。この次頑張ろう」等、心が温かくなり、前向きになれる言

葉が溢れる学級作りを目指す。そのため、子供から「元気が出る言葉、心がホカホカする言葉」等を集め、掲示し意識を高める。

　学級を心地の良い場所にしたい。上記2点は地道であるが着実に実践することで、集団としての成長を実感できると信じている。

◆答案の分析・考察

　2つの事例とも問題に正対し、良き学級集団を作ることがいかに大切であるかがきちんと述べられている。そのためにどのように実践するかも具体的に述べられている。以下詳しくみてみたい。

＜答案1について＞　「考えを述べなさい」では、問題文のキーワードである【互いに理解及び信頼し】と【目標に向かって励まし合いながら成長できる集団をつくる】がいかに大切かを先ず述べている。次に、自身の体験をもとに、仲間を信頼することでチームの結束力が高まったと述べ、「論」を補っている。体験を語ることで受験者の人柄が浮かび上がり、他の人とは違う良さが出ている。

　実践では「グループ編成や席決めに細心の注意をする」ことと「学級全体の取組みに対し、個人カードを活用する」こととに取り組むとしている。2つとも各担任が用いる手法であり、目新しさはないが、堅実であり実践可能である。

　まとめは3文構成であり、問題文の意義、実践すること、自身の決意が端的に述べられている。

＜答案2について＞　「考えを述べなさい」では、第1段落で問題文をどのように捉えたかを述べた点は、答案1と同様である。異なる点は、問題文の事柄が重視される「背景は何か」を述べた点である。

　実践では、それぞれ小見出しを付け実践内容が一目でわかるよう工夫している。2つの実践とも受験者が書いているように地道な内容である。しかし、学級をよりよい方向に導くには、教員が教育的愛情を持って接すること、言語環境を整えること等は、当たり前とは言え大切な視点である。

　まとめは字数の関係で2文60字程度である。短い文章の中に要点をまとめ、受験者の強い思いが込められている。

100　Ⅲ　論作文の事例分析とアドバイス

２．過去問分析と自治体事例研究

東京都　一般選考（小学校、中学校、高等学校、特別支援学校）
平成28年７月実施・70分

■小学校

次の記述を読み、下の問題について、論述しなさい。

> あなたは、第５学年の学級担任である。年度初めの学年会で、学年主任から、「昨年度、児童対象の学校評価アンケートの『学校生活の中で、自信をもって取り組めることがあった。』の項目で、この学年の児童は『あてはまらない』という回答が多くありました。そこで、今年度の学年経営の方針は『子供たち一人一人が成長を実感できるようにする。』にしたいと思います。」と言われた。そして、「この方針に基づいて、自分の学級経営の重点をどこに置き、どのように取り組んでいくか、具体的に考える必要がありますね。」と指導を受けた。

【問題】

学年主任からの指導を受けて、あなたなら学級担任としてどのように学級経営を行っていくか、「学習指導」と「生活指導」について具体的な方策を一つずつ挙げ、それを取り上げた理由とともに、それぞれ10行（350字）程度で述べ、まとめなどを含めて全体で30行（1,050字）以内で述べなさい。ただし、26行（910字）を超えること。

■中学校・高等学校・特別支援学校

次のＡ，Ｂのうちから１題を選択して、論述しなさい。また、解答用紙には、選択した問題の記号を○印で囲みなさい。

Ａ　次の記述を読み、下の問題について、論述しなさい。

> 年度初めの職員会議で、教務主任から、「昨年度、授業評価アンケートの『授業は内容がわかりやすく、充実したものが多い。』の項目で『あてはまらない』という回答が多くありました。そこで、本年度、各教科の指導において、『個々の子供に応じたきめ細かい指導を充実させ、学習内容の定着を図る。』ことを重点事項にしてほしいと思います。」と報告があった。
> 職員会議終了後、あなたは、副校長から、「先ほどの重点事項に基づいて、指

導の重点をどこに置き、どのように取り組んでいくか、具体的に考える必要がありますね。」と指導を受けた。

【問題】

　副校長からの指導を受けて、あなたならどのように学習指導に取り組んでいくか、志望する校種と教科等に即して、具体的な方策を二つ挙げ、それを取り上げた理由とともに、それぞれ10行（350字）程度で述べ、まとめなどを含めて全体で30行（1,050字）以内で述べなさい。ただし、26行（910字）を超えること。

B　次の記述を読み、下の問題について、論述しなさい。

　　あなたは、生活指導・保健指導部に所属している。年度初めの生活指導・保健指導部会で、生活指導主任から、「昨年度、地域住民対象の学校評価アンケートの『学校は、集団や社会の一員として、よりよい生活や人間関係を築く指導を行っている。』の項目で『あてはまらない』という回答が多くありました。そこで、生活指導・保健指導部として、本年度、『子供たちに、他者を思いやる心や社会貢献の精神を育む。』ことを重点事項にしたいと思います。」という話があった。

　　部会終了後、あなたは、生活指導主任から、「先ほどの重点事項に基づいて、生活指導・保健指導部の一員として、指導の重点をどこに置き、どのように取り組んでいくか、具体的に考える必要がありますね。」と指導を受けた。

【問題】

　生活指導主任からの指導を受けて、あなたならどのように児童・生徒の指導に取り組んでいくか、志望する校種に即して、具体的な方策を二つ挙げ、それを取り上げた理由とともに、それぞれ10行（350字）程度で述べ、まとめなどを含めて全体で30行（1,050字）以内で述べなさい。ただし、26行（910字）を超えること。

評価の観点

□ 課題把握
□ 教師としての実践的指導力
□ 論理的表現力　等

102 　Ⅲ　論作文の事例分析とアドバイス

神奈川県　一般選考（小学校、中学校、高等学校、特別支援学校）
平成28年7月実施・60分・600字〜825字　※採点は1次合格者のみ

■小学校
　かながわ教育ビジョンの中では、夢や希望の実現に向けた自分づくりを支援していく営みを「人づくり」ととらえています。生涯を通じた「人づくり」をめざすために、あなたは教員としてどのように取り組みますか。小学校における今日的な教育課題を踏まえ、協働と連携の観点から、あなたの考えを600字以上825字以下で具体的に述べなさい。

■中学校
　神奈川県では、かながわ教育ビジョンの中では、夢や希望の実現に向けた自分づくりを支援していく営みを「人づくり」ととらえています。生涯を通じた「人づくり」をめざすために、あなたは教員としてどのように取り組みますか。中学校における今日的な教育課題を踏まえ、協働と連携の観点から、あなたの考えを600字以上825字以下で具体的に述べなさい。

■高等学校
　神奈川県では、子ども一人ひとりの個性と能力を大切にし、共に成長する場としての学校づくりを進めています。これを踏まえて、高等学校ではどのように教育活動を行うべきであると考えますか。協働と連携の観点から、あなたの考えを600字以上825字以下で具体的に述べなさい。

■特別支援学校
　神奈川県では、支援教育の理念のもと、共生社会の実現に向け、できるだけすべての子どもが同じ場で共に学び、共に育つことを基本的な考え方としています。これからの特別支援学校にはどのような役割が期待されますか。それを踏まえ、特別支援学校の教員としてあなたはどのように取り組みますか。あなたの考えを600字以上825字以下で具体的に述べなさい。

評価の観点
■表現	■内容
□ 文章の構成	□ 着想
□ 分かりやすさ	□ 論旨、結論（明確さ、説得力）
□ 表記の正確さ（誤字、脱字）	□ 自分の考え
□ 文字数（600字以上825字以下）	

2．過去問分析と自治体事例研究　　103

横浜市　一般選考（小学校、中学校、高等学校、特別支援学校）
平成28年7月実施・45分・800字以内　　　※採点は1次合格者のみ

■小学校
　学校と地域が連携し、地域の人材を活用することは、授業の活性化につながります。そこで、子どもの学習意欲を高めるために、授業で、どのように地域の人材を活用したらよいと考えますか。あなたの考えを具体的に述べなさい。（800字以内）

■中学校・高等学校
　学校では、生徒の基本的人権に十分配慮し、一人ひとりを大切にした教育が行われることが求められています。あなたが学級を担任するにあたり、生徒の人権を尊重するためにどのような指導を展開したいと考えるか、具体的に述べなさい。（800字以内）

■特別支援学校
　特別支援学校卒業者の就労は依然として厳しい状況にあります。障害者の自立と社会参加を促進するため、特別支援学校における職業教育や進路指導について、あなたはどのような取組を進めたいと考えるか、具体的に述べなさい。（800字以内）

評価の観点
□ 文章の構成
□ 分かりやすさ
□ 誤字脱字
□ 字数（論文用紙の80％以上）
□ テーマに沿って論じているか
□ テーマを多面的に捉えているか
□ 自分の考えを具体的に記述しているか
※平成28年10月26日現在で、平成28年7月実施の評価の観点が発表されていないため平成27年度分を掲載しています。

104　Ⅲ　論作文の事例分析とアドバイス

川崎市　一般選考（小学校、中学校、高等学校（工業）、特別支援学校）
平成28年7月実施・60分・600字以内　　※採点は1次合格者のみ

■小学校・中学校・高等学校（工業）・特別支援学校
　川崎市では、求める教師像を4つあげています。この中からあなたが特に力を入れていこうと考えているものを一つ選び、その理由と取組みを具体的に600字以内で述べてください。
　　＜川崎市が求める教師像＞
　　　• 子どもの話にきちんと耳を傾けることができる
　　　• 子どもと一緒に考え行動することができる
　　　• 子どもに適切なアドバイスを与えることができる
　　　• 教材研究がきちんとできる

評価の観点
□ 課題の把握
　• 課題を深く理解しているか。
　• 課題に関する知識や見識はあるか。
□ 表現力
　• わかりやすく適切な表現をしているか。
　• 内容に具体性があるか。
□ 論文の構成
　• 説得力のある構成になっているか。
　• 課題について自分の考えを述べているか。
□ 教員としての資質
　• 教員としての適性が感じられるか。

2．過去問分析と自治体事例研究　　105

相模原市　一般選考（小学校、中学校）
平成28年7月実施・45分・字数制限なし

■小学校
　特別支援学級のAさんは、あなたが担任をするクラスを交流学級とし
ています。普段は、好きな絵を描いて穏やかに過ごしているのですが、
コミュニケーションをとることが苦手であるため、時々、大声を出した
り立ち歩いたりすることがあります。5月のある日、Aさんが授業中に
立ち歩き、大きな声で話し始めました。すると、「いつもAさんってう
るさいよね。」「全然、勉強できないよ。」と不満の声がクラスの児童か
らでてきました。そこで、あなたは帰りの会で話をすることにしました。
　クラスの児童全員に対して話をするつもりで書きなさい。なお、想定
学年を解答用紙に記入しなさい。
※作文題に掛かれている内容以外の設定は自由とする。
※箇条書きや要点ではなく、実際に話す言葉で書きなさい。

■中学校
　あなたが担任をしているクラスで行った無記名式のアンケートで、
「クラスの友達から嫌なことをされている。学校に行きたくない。」とい
う記述が見つかりました。筆跡等からは誰が書いたのか特定できなかっ
たので、その後クラスの生徒の様子を観察したり、他の教員から情報収
集したりしました。しかし、特定の生徒が嫌がらせを受けているような
状況は確認できませんでした。そこで、あなたは学級活動の時間にクラ
スで話をすることにしました。
　クラスの生徒全員に対して話をするつもりで書きなさい。
※作文題に書かれている内容以外の設定は自由とする。
※箇条書きや要点ではなく、実際に話す言葉で書きなさい。

評価の観点
□ 使命感・信頼感
□ コミュニケーション能力
□ 知能・技能

106　Ⅲ　論作文の事例分析とアドバイス

埼玉県　一般選考（小学校、中学校、高等学校）
平成28年8月実施

■小学校・中学校　60分・800字程度
　次の文章を読み、筆者が伝えようとしている趣旨とそれに対するあなたの考えを簡潔に述べなさい。

　また、そのことを踏まえ、あなたは教員として児童生徒とどのように関わっていきますか。特に大切にしたいと考えることを2点挙げ、具体的に述べなさい。

　（大村はま著「灯し続けることば」より　一部省略がある。）

■高等学校　60分・400字以内
　総合読解（荒木香織著『ラグビー日本代表を変えた「心の鍛え方」』による。一部省略がある。）

評価の観点
□論題の理解等
  • 論題に正対しているか。
□教育実践についての自分の考え等
  • 主張が明確で、論理性を備えているか。
  • 教員としての教育実践について具体的に表現しているか。
□構成・表現等
  • 用語、表記は適切か。
  • 全体のまとまりはあるか。
  • 字数は適切か。

2. 過去問分析と自治体事例研究　　107

さいたま市　一般選考（小学校、中学校）
平成28年8月実施・45分・800字以内

　　さいたま市では、「社会を生き抜く力と希望をはぐくむ教育」を推進
するため、子どもたちの学習意欲を高め、学力をつける授業の実践に取
り組んでいます。
　　このことを踏まえ、あなたはどのような授業を目指し、どのように授
業づくりに取り組んでいきますか。具体的に述べなさい。

評価の観点
□ 議論を正しく捉えているか。
□ 具体的な記述がなされているか。
□ 勤務経験を踏まえた記述がなされているか。
□ 求められる職務内容を踏まえた記述がなされているか。
□ 正しい表記や論文としてのまとまりがあるか。

108　Ⅲ　論作文の事例分析とアドバイス

茨城県　一般選考（小学校、中学校、特別支援学校）
平成28年8月実施

■小学校・中学校　60分・800字以内

　子どもたちには、学校生活を通じて、自らの考えと責任において行動する態度を育成していくことが必要です。あなたは、このことをどのように考え、学級担任として、どのように取り組んでいきますか。600字以上800字以内で具体的に述べなさい。

■特別支援学校　90分・1,200字以内

　次の表は、本県の県立特別支援学校児童生徒数の推移、本県の県立知的障害特別支援学校児童生徒数の推移及び本県の小・中学校特別支援学級児童生徒数の推移である。

　これらの資料から、読みとれることを示した上で、特別支援教育を推進するために、特別支援学校はどのようなことに積極的に取り組むべきか、また、特別支援学校の教員にはどのような力が求められるか、あなたの考えを述べなさい。

○本県の県立特別支援学校児童生徒数の推移（平成18年度から平成27年度）

障害種	H18	H19	H20	H21	H22	H23	H24	H25	H26	H27
視覚障害	72	64	54	49	51	48	43	40	45	47
聴覚障害	125	126	118	106	114	115	114	102	108	107
知的障害	2,279	2,370	2,503	2,617	2,755	2,857	2,923	3,002	3,084	3,117
肢体不自由	369	396	417	435	437	454	442	461	449	454
病弱	54	54	47	62	59	62	55	56	59	52
計	2,899	3,010	3,139	3,269	3,416	3,536	3,577	3,661	3,745	3,777

○本県の県立知的障害特別支援学校児童生徒数の推移（平成18年度から平成27年度）

部	H18	H19	H20	H21	H22	H23	H24	H25	H26	H27
小学部	776	813	849	884	938	977	993	1,024	1,042	1,047
中学部	556	557	601	641	676	687	685	718	753	797
高等部	947	1,000	1,053	1,092	1,141	1,193	1,245	1,260	1,289	1,273
計	2,279	2,370	2,503	2,617	2,755	2,857	2,923	3,002	3,084	3,117

○本県の小・中学校特別支援学級児童生徒数の推移（平成18年度から平成27年度）

	H18	H19	H20	H21	H22	H23	H24	H25	H26	H27
児童生徒数	3,617	3,896	4,268	4,645	5,113	5,512	5,829	6,201	6,709	7,283
学級数	1,069	1,136	1,220	1,301	1,403	1,438	1,484	1,529	1,600	1,669

2．過去問分析と自治体事例研究　　109

茨城県　一般選考（高等学校）
平成27年8月実施

■高等学校　90分・800字以内
　教育基本法第一章第一条には下記のように「教育の目的」が記されて
いる。
　教育は、人格の完成を目指し、平和で民主的な国家及び社会の形成者
として必要な資質を備えた心身ともに健康な国民の育成を期して行われ
なければならない。
　筆者の意見を踏まえ、現代社会における教育の果たすべき役割を論じ
た上で、「社会の形成者」を育成するために教員としてどのように生徒
と向き合っていくか、自らの考えを明確に論じなさい。但し、字数は800
字以内とし、原稿用紙の使い方にしたがって常体で記述すること。なお、
出題の都合上、本文の表記の一部を変更している。
　（広田照幸「教育は何をすべきか─能力・職業・市民─」岩波書店　序論より）

評価の観点
□ 字数制限
□ 表現の適切さ
□ 論理性
□ 構成力　等

110   Ⅲ　論作文の事例分析とアドバイス

栃木県　一般選考（全校種共通）
平成28年 8 月実施・50分・600字〜1,000字

　道徳教育は、学校の教育活動全体を通じて行うものです。
　児童生徒の道徳性を養うために、あなたが最も重要だと考えることは
何か、その理由を含めて書きなさい。
　また、そのことに関し、あなたが教員として、取り組んでいきたいこ
とは何か、具体的に書きなさい。

評価の観点
□ 課題把握
□ 実践意欲
□ 文章構成

Ⅳ 論作文試験対策の実際

菱山　覚一郎

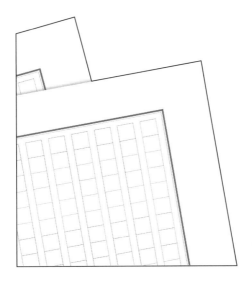

Ⅳ 論作文試験対策の実際

1．論作文の要素と志願書類

(1) 論作文試験の意味

　論作文には、教職教養や専門教養の試験と違い、誰もが認める正答はない。読み手は、表現された内容を通して、受験者の教職の知識・指導力・適性などを判定すると同時に、人間性や人柄を推しはかっている。論作文の文章表現から、教師という専門職にふさわしい熱意と資質を有しているかを判断しているのである。

　論作文を書き手、つまり受験者の側からみれば、論作文は自己アピールの場となる。そのように位置付ければ、書くべき方向がみえてくるはずである。自己アピール文に、教育評論や批判、ましてやエッセイを書く人はいないだろう。論作文は、読み手に自分の教育観や熱意を伝え、自分を知ってもらうチャンスに他ならない。

(2) 論作文の要素

　現在、小中学校では作文、大学では論文が活用されている。また社会（特に企業など）では企画書が業務の基礎になっている。これらと、教員採用試験の論作文との違いはどこにあるのだろうか、簡単に表現してしまえば、論作文とは、作文と論文と企画書の要素を足したものと言える。論作文には、経験を活かした独自の視点（作文）、現状などに対する分析と思考（論文）、将来への熱意とアピール（企画書）が含まれている。

　同時にこの三者（作文・論文・企画書）は、それぞれ過去・現在・未来を意識している。過去の要素は、自分の経験や受けた影響などが含まれ、自身の教育観の形成に関連する。これが作文である。現在は、教育界の現状の把握や分析であり、教育課題への認識の部分

である。これが論文である。そして未来としての企画書は、自分ならばどう関わるとか指導するとかの将来に関係する面であり、背後には教職への熱意が基礎となっている部分である。

まず、作文＝過去、論文＝現在、企画書＝未来の意識を持つ必要がある。これらの３つの要素を論作文に入れれば、他人と同じ文章や教育評論にはならない。読み手に響く個性的な論作文になる。

(3) 論作文と志願書類

教員採用試験において、最初に自分の文章を書き込むのは、おそらく志願書の自己アピールの欄であろう。この欄は、自治体により様々な形態があるが、多くの場合、志望の動機・自己ＰＲ・活動の実績や経験などを書き込むようになっている。これらの箇所は、自分の教育観や熱意を伝え、読み手に自身の人間性を理解してもらうという意味で、まさに論作文に他ならない。

志願書類では、定められた欄の中で最大限の自己アピールをしなければならない。読み手に伝えなくてはいけないことは、自分が熱意と適性を持っていること・教師になりたい理由・こんな教育ができるという資質能力などであろう。これらには、自分の過去（作文）・現在（論文）・将来（企画書）の要素が含まれるはず。この３つの視点を上手に使い、教師として自分の経験から何が可能で、どのような貢献ができるかを整理する必要がある。特技やボランティア活動の記録を記述する際も、どんな経験（過去＝作文）・現状と課題（現在＝論文）・教師として経験をどう活用（将来＝企画書）というような視点に配慮することが大切である。

また、読み手を強く意識することも忘れてはならない。当然のことであるが、手書きの場合、文字は丁寧かつ適切な大きさ、つまり読み手に好印象を与えるような形態で記述することが大切である。志願書類は、面接時の資料となり、記述した字がそのまま面接官の手元に届く。この人を採用したいと思わせるような、記述形態と内容を目指さなくてはならない。

114　Ⅳ　論作文試験対策の実際

2. 志望動機の整理と勉強方法

(1)　志望動機を整理する

　なぜ教師を志望するのか。「影響を受けた教師がいる」、「学生時代の教育実習の影響」など様々な理由が考えられるであろう。まずは、それらの理由を深く考えてみる。例えば、どのような影響なのか、影響を受けた言動は何か、自分の意識がどのように変化したのか、などを整理する。この過程において、自分が目指す教師像が見えてくるばかりでなく、教育観も浮き彫りになるだろう。

　次は、その志望動機の根拠を整理する具体的方法である。大切なのは志望動機の根拠を文章に書き残すことである。小論として形式を整える必要はなく、箇条書きで良い。箇条書きならば、志望理由の根拠が幾つか書けるだろう。書いた個々の根拠には個々の背景があるはず、それらも文章化する。そのため、箇条書きの文章が、どんどん増えていくことになるだろう。

　この志望動機の整理作業は、日常的に更新することが大切である。記述内容に目を通し、書き換えや追加を繰り返すことにより、常に志望動機を意識するだろう。整理および記述した文書の一覧には、本人の教育観や教師像だけでなく、自己分析や自己アピールが含まれることになる。言い換えると、本人の過去・現在・未来に関することが示される。つまり、過去（作文）・現在（論文）・未来（企画書）を含み、論作文の土台となる。まずは、志望動機の整理文書（整理帳）を座右に置きたい。ここに記述された内容は、面接や集団討論の対策にも活用できるはずである。

(2)　出題傾向を意識する

　毎年、教員採用試験の論作文の出題テーマは、広範囲である。まさに何から手をつければ良いか、不安になるかもしれない。前述の志望動機についての整理作業を続けていれば、どんな教師になりた

いか、熱意は高まっているか、問題が起こった時にどんな対処をするか、なども視野に入っているはずである。知らずに知らずのうちに、自分自身の教育観や目指す教師像が確立し、教育現場が直面するような課題も意識できるようになると思われる。

　志望する自治体が決まれば、その自治体の出題分野の傾向分析も大切である。各自治体には出題の傾向があり、前年や前々年の問題を踏襲するような出題が多く見られる。過去数年分の出題傾向を探れば、出題分野の予測が立てられる。その理由は、各自治体が求める教師像が年度により変わるわけではないこと、出題傾向や分野を大きく変えると評価の観点や方法も必然的に変更する必要が伴うこと、などがある。受験する立場からしてみれば、過去問の分野や出題パターンの把握により、論作文に対する自信が持てる。

(3)　効果的な勉強方法

　論作文で高い評価を得るには、実際に何度も書く練習が何より必要である。書くことと並行して、次に示すような具体的対策（勉強法）を進めておくとより効果的と思われる。

　1　**手書きのノート（教育関係の日記）帳をつくる**
- ニュースや教育時事の感想や自分の見解を文章化する。

　2　**教職教養の勉強で出てきた用語や法令などを論作文で使う**
- 改定された法規や答申は、志望校種への影響を考える。

　3　**教育時事や動向に目を向ける**
- 教師の視点で物事を見て、意見や考察を書きとめる。

　論作文の特質上、手で文章を書くという行為は大切である。難しく考える必要はない。教師の視点で感じたこと、自分ならばこのように試みたいとの意見、感心した出来事などを、数行程度の文章としてノートなどに綴ってみる。一週間も続ければ、そのノートは、直ぐに自分だけの論作文対策の参考書になり、読み返すごとに新しい発見が起こるはずである。

3. 読み手を意識した論作文

(1) 構成と技術が大切

　論作文試験では、構成と技術も大切な要素になる。例えば、同じような考え方や事例を扱った論作文が提出されたとする。1つは形式が整った論作文、他方は形式を無視した論作文であった。この場合、高得点を得られるのは明らかに前者である。

　私たちの日常生活でも同じような現象がある。日用品を1つとっても、形の整ったモノとそうでないモノを見た場合、好感を持つのは明らかに前者である。色彩が整い、デザインなどが気に入れば、多少の難点は目をつぶるだろう。同様のことが論作文にも当てはまる。形式と技術が整った論作文は、読み手に好印象を与える。

(2) 出題テーマと向き合う

　論作文試験の出題テーマは、自治体により様々な内容となる。なかでも多いのは、「…にあなたは教師としてどのように取り組みますか」、「…をどう考えますか」といったパターンである。ここでは出題テーマに前提や条件を置き、そこから受験者の教師観や指導観を探ろうとしている。そこで大切なのは、出題テーマと向き合い、その意図を把握する姿勢である。出題テーマから離れた記述や持論を展開したのでは、読み手に好印象を与えない。

　日常生活の買い物に例えれば、自分が注文した品物と違う商品が手元に届いたり、ニュアンスの異なる商品だったりした場合を考えてみる。その際、店や店員に対する印象は、大きく低下するはず。論作文の出題者（読み手）と受験者の関係も同じなのである。

(3) 執筆する上での心得

　論作文の指導をする際、構成を串焼き料理に、技術を調理に例えることがある。論作文を書く立場から、構成と技術の大切さを感じ

取るには、理解し易い説明になっていると思われる。

　まず、論作文の構成としての串焼きである。串焼きは一本の串に、数個程度の食材（具）が刺さっている。串が論作文の柱であり、個々の食材が序論・本論・結論（または起承転結）の段落と言える。串（柱）は、筋が通り、まっすぐでないと都合が悪い。また、各食材（各段落）の大きさがあまりに多様で多数だと、見栄えも悪い。味についても、串全体で調和が取れていないと、食べ手（読み手）は満足しないであろう。やはり柱と調和が大切である。

　論作文の技術は、調理として考える。出題者が示したテーマが、調理の素材である。その素材を料理人としての受験者が、調理をして読み手に提供する。同じ出題テーマ（素材）でも料理人が違えば、違った味付けや盛り付けで読み手に届けられるはず。調理には誰でも知っているレシピもある。これが一般論である。一般論は素人でも提供できる。これでは、口が肥えた読み手の満足は得られない。

　構成と技術を、串焼きと調理に見立てるといういささか乱暴な説明であるが、論作文は同じ出題テーマでも異なった形と味になるという意味が理解できるだろう。論作文試験の対策としては、いかに見栄えよく、美味しく読み手に提供するかを学ぶ必要もある。

⑷　論作文の段落構成

　また、調理をした料理では、食べ手（読み手）に提供する順序も大切となる。コースメニューでは、前菜やスープ・サラダ・メインディッシュ・デザートなどが順序よく提供される。論作文でもやはり順序が大切である。出題テーマ（素材）に対して最も言いたい内容がメインディッシュ（主張）であり、これはコースメニューでは中盤に、論作文では本論に位置する。前菜は序論に、デザートは結論に相当する。サラダやスープ（具体例や理論的背景）などは、メインディッシュを引き立てる脇役である。こんなイメージを持つと良いであろう。

118   Ⅳ　論作文試験対策の実際

4．具体的な練習

(1)　論作文の練習に関して

　実際に書いた論作文は、誰かに見てもらい、アドバイスを受ける
と効果的である。自分では気がつかなかった弱点や欠点を意識する
機会になる。確かに、他人に読んでもらうのは恥ずかしさを伴う。
しかし、他人のアドバイスは、論作文の質を短期間に向上させる最
適な方法である。感想や批判を聞き、自分の論作文にフィードバッ
クさせたい。他人の意見と同様に、自身での見直しも大切である。
冷静な目で、読み手として読み直してみる。国語的な面だけでなく、
次のような視点に留意し、朱を入れると論作文の質が高まる。
○教師として子どもを任せられるか
　自分が採用者だった場合、この論作文を書いた人物に、子どもの
教育を託せるか、何か物足りない点はないか
○論作文としての構成は明確か
　段落が明確であり、テーマに対して明確に答えているか、序論
（はじめ）と結論（まとめ）部分が対応し、主張が一貫しているか
○教員採用試験ならではの視点
　論作文は教育評論ではなく、主張や熱意を伝える自己アピールが
届いているか、信念を持った人物であるか

(2)　短時間に書きあげるコツ

　実際の論作文試験は、制限時間との戦いである。構想→記述→推
敲を時間内に済ませる必要がある。具体的には、50分から90分程度
の時間内に、600字から1500字程度の文章を書きあげなければなら
ない。当然のようにあらかじめ対策を立てる必要がある。
　大切なのは、「論作文試験は既に始まっている」という意識を持
つことである。過去問を分析し、傾向を把握しておけば、出題され
る領域は予想できる。その領域と関係づけられるような自分の経験

や事例、可能と考えられる実践例などは準備できるはず（「オリジナル事例」の用意）。論作文の最後に示す志望動機や教職への熱意を表現する文章も同様である（「決意表明の一文」の用意）。それらを自分の言葉でまとめておくと、出題テーマを見る前から、ある程度の内容は用意できるはずである。

　論作文を時間内に書くには、自分の型も作っておきたい。字数にもよるが、自分がどのような段落構成で、記述するのか、練習時から決めておく。自身の型を確立させておけば、段落構成を組み上げる迷いは無くなるはずである。

⑶　記述上の注意点

○教師（志望）の立場を忘れない

　論作文は、教師の立場で書き進めるのが基本である。いかなる出題テーマに対しても、教師の立場で教育という営みに関連づける。論作文自体が、志望動機書かつ自己アピールに他ならない。

○実践と理論をリンクさせる

　論作文では、自分の考えや主張を展開する。自分の経験や学びを手がかりとして、論述を進める流れが適切である。自分らしさとしての個性の表れた文章の方が読み手の評価も高くなる。独自の「実践」と勉強してきた知識としての「理論」をリンクさせる。

○扱う事例は具体的に示す

　自分の経験のみならず、未来志向の事例にも可能な限り具体的視点を加味しておく。ここには独自性が表現されるはず。単なる事例の解説や感想ではなく、学び続ける姿勢や熱意を読み手に伝える。

○文章表現の基本を忘れない

　用紙の使い方・文体・用語・誤字脱字などについて再確認をする。読み手を意識した場合、シャープペンよりも鉛筆が好ましい。鉛筆の方が濃く書け、「とめ・はね・はらい」がしっかり表現でき、消しゴムで消す場合も筋が残りにくい。

120 Ⅳ　論作文試験対策の実際

5．試験の直前準備と確認

⑴　書いた論作文の活用

　過去に書いた論作文は、試験に向けての財産である。書いたという実績が自信にもなる。その上、自分で書いた論作文の事例や文章は、本試験での有効活用が期待できる。受験自治体の過去問と予想問題による練習を繰り返せば、いくつかの「オリジナル事例」と「決意表明の一文」が積み重ねられる。

　「オリジナル事例」を複数用意しておけば、どのような出題テーマでも、論述を展開できるだろう。受験自治体の過去の出題領域の傾向から考えても、用意した事例から大きく外れるようなケースは無いと思われる。自分で考察した事例ならば、教育理論や課題に関係づけたり、教育観や取り組みと結びつけたりもできる。

　同様に「決意表明の一文」も、読み手に熱意や抱負が伝わるように工夫した文を準備しておく。その文は、教職への期待と覚悟に満ちた決意表明でなければならない。もちろん、出題テーマによって加工や工夫も必要になるため、あらかじめ数種類用意しておく。

　自分自身の経験や事例（「オリジナル事例」）と、教職への志望動機や熱意（「決意表明の一文」）の用意という事前準備を進めておけば、論作文を書く際にかなり時間短縮となる。具体的には出題テーマに対して、書き慣れた段落構成を組み、「オリジナル事例」をアレンジしながら活用し、最後に「決意表明の一文」を組み込むという流れが、自然と浮かんでくるはず。このような準備が、一定の自信と余裕を生む。その自信と余裕が、構想する時間を短縮させ、表記や構成への配慮を生み、推敲の時間確保にも結び付くだろう。

⑵　試験前日までの具体的準備

○受験する自治体の「求める教師像」「ビジョン」などの確認

　論作文の出題テーマは、各自治体の「求める教師像」などと関係

付けられる場合もある。論述の中にキーワードとして活用できる可能性もあるのでチェックは大切である。

○受験自治体の過去問や傾向の再確認

過去問や傾向を把握するのは当然である。出題された過去問と、その年や前年の教育動向との関係も視野に入れると予想に役立つはずである。

○「オリジナル事例」と「決意表明の一文」の見直し

試験で活用できる可能性のある「オリジナル事例」と「決意表明の一文」を頭に入れておく。ノートなどに示しておくと、空き時間や試験日にも活用できるはずである。

(3) 試験時間の対策

試験を迎えるまでには、試験の制限時間を意識した対策と練習を積み重ねている。与えられた出題テーマに対して、構想する時間・記述する時間・推敲する時間の配分も感覚的に養われるはず。

試験当日、試験答案が配られ試験官の「はじめ」の合図とともに書き始める受験者がいる。試験会場内を鉛筆の音が響くが、この音で冷静さを失ってはいけない。質の高い論作文を合図とともに書くのは不可能であり、下準備として構想が必要となる。

構想の手順は、出題テーマを繰り返し読み、出題意図を探る。出題者が重視している箇所やキーワードを分析すると、構想や論述の際にも柱がぶれなくなる。そして、目次を作るようなつもりで構想を練る。構想は頭の中と同時にメモの形で書き留めると良い。その際に、自分が用意してきた複数の「オリジナル事例」と「決意表明の一文」の中から適切なモノを選出する。構想が論作文の質を左右するため、あらかじめ事例などを用意しているのは強みである。

試験用紙に筆記をした後には、推敲の時間を取りたい。少ない時間になるため、大幅な修正はまず不可能である。中心となるのは文章表現や表記のチェックである。長く読みづらい文や誤字脱字の修正・語尾の統一・文末の表現などを意識すると良いだろう。

V 教育トピック

郡司　常雄

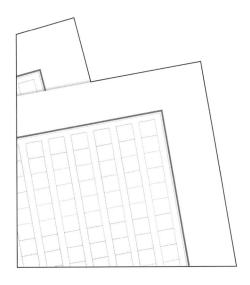

Ⅴ 教育トピック

1. 教員の資質能力 〈重要〉教育基本法第９条～使命の自覚、研究と修養

〈出題の背景〉

○学校教育における課題の複雑化・多様化等

　生徒指導上の諸課題、特別支援教育の充実、外国人児童生徒への対応、ICTの活用など教員が対応すべき課題の複雑化、多様化等

○学校を取り巻く環境の変化

　教員の不祥事、指導力不足教員の問題など教員への信頼の揺らぎ

※上記「背景」は中教審答申「教職生活の全体を通じた教員の資質能力の総合的な向上方策について」(2012(平成24)年8月) に示されているものである。

〈論文作成上のポイント〉

○教員に求められる資質能力が押さえられているか

　→125ページ　中教審答申 (2012(平成24)年8月) 等参照。

○各都道府県教育委員会・政令市の「求める教師像」を押さえたものになっているか

○自らの教員志望理由と関連させ、また、資質能力を向上させる具体的方策を示し、述べられているか

〈関連情報〉

生徒指導上の課題：いじめや暴力行為、不登校等の対応

　→文部科学省発表の「児童生徒の問題行動等生徒指導上の諸問題に関する調査」結果報告書 →140ページ参照

教員の不祥事：体罰、セクハラ・わいせつ行為、飲酒による交通事故等教育公務員として望ましくない行為、信頼を損なう恥ずべき行為

指導力不足教員：授業技術や教科の専門的知識の不足、生徒指導力の不足、保護者とのコミュニケーションが図れないこと等により信頼関係を構築できない教員

その他：教員の鬱病等メンタルヘルスに関わること

1．教員の資質能力　125

〈参考〉　教員に求められる資質能力

文科省：パンフレット「魅力ある教員を求めて」(2008(平成20年)12月)

これからの教員に求められる資質能力

－中教審答申「教職生活の全体を通じた教員の資質能力の
　　　　　　　　総合的な向上方策について」(2012(平成24)年8月)－

1．教職に対する責任感、探求力、教職生活全体を通じて自主的に学び続ける力（使命感や責任感、教育的愛情）
2．専門職としての高度な知識・技能
   - 教科や教職に関する高度な専門的知識（グローバル化、情報化、特別支援教育その他の新たな課題に対応できる知識・技能を含む）
   - 新たな学びを展開できる実践的指導力（基礎的・基本的な知識・技能の習得に加えて思考力・判断力・表現力等を育成するため、知識・技能を活用する学習活動や課題探求型の学習、協働的学びなどをデザインできる指導力）
   - 教科指導、生徒指導、学級経営等を的確に実践できる力
3．総合的な人間力（豊かな人間性や社会性、コミュニケーション力、同僚とチームで対応する力、地域や社会の多様な組織等と連携・協働できる力）

126　V　教育トピック

２. 基本的生活習慣　〈重要〉家庭や地域の教育力

〈出題の背景〉

○家庭や地域の教育力の低下が指摘されている中で、「よく体を動か
し、よく食べ、よく眠る」という成長期の子どもたちにとって必要
不可欠な基本的生活習慣が大きく乱れていること →生活の夜型化
朝食の欠食など

- 就寝・睡眠時間との関連～　TV・ゲーム・携帯電話等の使用上の問題等
- 食育との関連～　バランスのとれた栄養等　「早寝早起き朝ご飯」運動

○また、それに起因した子どもたちを巡る問題が大きな社会問題にな
っていること →規範意識の低下　社会性の欠如

○基本的生活習慣の乱れが学習意欲や体力、気力の低下の要因の１つ
として指摘されていること →「全国学力・学習状況調査」「食育白書」等

〈論文作成上のポイント〉

○生活の夜型化や朝食欠食等の子どもの実態や、その乱れがもたらす
諸問題を踏まえて述べられているか

○望ましい生活習慣を身に付けさせるために、教員（担任）としてど
う取り組むのか、また、家庭にどう働きかけ連携・協力していくの
か、具体的に述べられているか

→挨拶・時間厳守　学校・学級通信　保護者会　地域懇談会

〈関連情報〉

「早寝早起き朝ご飯」運動

- 2006（平成18）年全国協議会が発足。子どもの基本的生活習慣の確立や生活リズ
ムの向上につながる運動を展開している。

「規範意識」

- 礼儀や道徳性、きまりを身に付けることなど社会の中でよりよく生きるために
必要なもので、本来家庭教育の中でしつけられ育まれるものである。
- 規範意識を育む指導においては「規範の意義を理解し、児童生徒自らが規範を守
り行動するという自律性を育むことが重要」（文部科学省「生徒指導提要」2010.3）

2．基本的生活習慣　127

〈参考〉　平成28年版「食育白書」

朝ごはんを食べないことがある小・中学生の割合

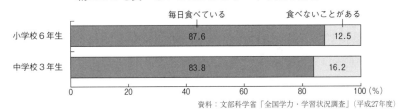

資料：文部科学省「全国学力・学習状況調査」（平成27年度）

朝食摂取と学力調査の平均正答率との関係

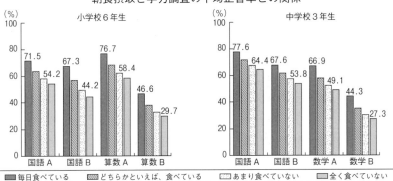

資料：文部科学省「全国学力・学習状況調査」（平成27年度）

朝食の摂取状況と新体力テストの体力合計点との関係

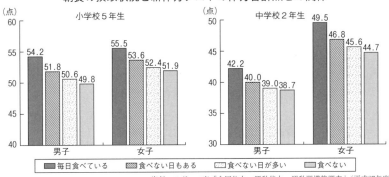

資料：スポーツ庁「全国体力・運動能力、運動習慣等調査」（平成27年度）

- 朝食を食べないことがある小中学生の割合は小学6年生12.5%、中学3年生16.2%。
- 毎日朝食を食べる子どもほど学力調査の平均正答率が高い傾向にある。
- 毎日朝食を食べる子どもほど体力合計点が高い傾向にある。

128　V　教育トピック

3. キャリア教育　〈重要〉キャリア教育と職業教育　基礎的・汎用的能力
　　　　　　　　　　　　　発達段階に応じた体系的なキャリア教育

〈出題の背景〉

○「無業者」「早期離職者」数の増加等、学校から社会・職業への移行
　が円滑に行われていないこと

○コミュニケーション能力等職業人としての基本的能力の低下、職業
　意識・職業観の未熟さ、進路意識・目的意識が希薄な進学者の増加
　等、社会的自立・職業的自立に向けて様々な課題が見られること

○中学校や高等学校における進路指導がいわゆる「出口指導」にとど
　まり、キャリア教育本来の目的に沿っていなかったとの指摘

〈論文作成上のポイント〉

○キャリア教育とは何か、職業教育との違いも理解して述べられてい
　るか

○キャリア教育が求められている背景や意義を踏まえ、各校種に即し
　た、それぞれの発達段階に応じた具体的な実践を示せているか

〈関連情報〉

キャリア教育：一人一人の社会的・職業的自立に向け、必要な基盤となる能力
　や態度を育てることを通して、**キャリア発達**※を促す教育。

　「よりわかりやすく言えば、『子どもたちが、社会の一員としての役割を果た
　すとともに、それぞれの個性、持ち味を最大限発揮しながら、自立して生き
　ていくために必要な能力や態度を育てる教育』である。」

　※キャリア発達：社会の中で自分の役割を果たしながら、自分らしい生き方を実現し
　　ていく過程。「**基礎的・汎用的能力**」の育成により発達が促される、としている。

職業教育：一定又は特定の職業に従事するために必要な知識、技能、能力や態
　度を育てる教育

各段階におけるキャリア発達の特徴等：文科省「小学校（中学校　高等学
　校）キャリア教育の手引き」に具体的に示されている。（小学校は改訂版　そ
　れぞれ2011（平成23）年発行）

3. キャリア教育　129

〈参考〉　中教審答申：「今後の学校におけるキャリア教育・職業教育の在り方について」(2011(平成23)年1月)

キャリア教育・職業教育の課題と基本的方向性
1．若者の現状　左記「出題の背景」に掲げた課題が示されている。
2．キャリア教育・職業教育の基本的方向性
- 幼児期の教育から高等教育まで、発達の段階に応じ体系的に実施
- 様々な教育活動を通じ、基礎的・汎用的能力※を中心に育成

発達の段階に応じた体系的なキャリア教育　(各学校段階の推進の主なポイント)
幼児期：自発的・主体的な活動を促す。

小学校：社会性、自主性・自律性、関心・意欲等を養う。

中学校：社会における自らの役割や将来の生き方・考え方等を考えさせ、目標を立てて計画的に取り組む態度を育成し、進路の選択・決定に導く。

後期中等教育：修了までに、生涯にわたる多様なキャリア形成に共通して必要な能力や態度を育成。これを通じ、勤労観・職業観等の価値観を自ら形成・確立する。

※「基礎的・汎用的能力」
- 人間関係形成・社会形成能力：多様な他者の考えや立場を理解し、相手の意見を聴いて自分の考えを正確に伝えることができるとともに、自分の置かれている状況を受け止め、役割を果たしつつ他者と協力・協働して社会に参画し、今後の社会を積極的に形成することができる力
- 自己理解・自己管理能力：自分が「できること」「意義を感じること」「したいこと」について、社会との相互関係を保ちつつ、今後の自分自身の可能性を含めた肯定的な理解に基づき主体的に行動すると同時に、自らの思考や感情を律し、かつ、今後の成長のために進んで学ぼうとする力
- 課題対応能力：仕事をする上での様々な課題を発見・分析し、適切な計画を立ててその課題を処理し、解決することができる力
- キャリアプランニング能力：「働くこと」の意義を理解し、自らが果たすべき様々な立場や役割との関連を踏まえて、「働くこと」を位置づけ、多様な生き方に関する様々な情報を適切に取捨選択・活用しながら、自ら主体的に判断してキャリアを形成していく力

130   V   教育トピック

4. 確かな学力 〈重要〉各種調査・結果（PISA 等）

〈出題の背景〉

○各種調査から児童生徒の思考力・判断力・表現力や記述式問題、知識・技能を活用する問題に課題があること、学習意欲や粘り強く取り組む態度に個人差の広がりが見られること、などが指摘されていること →PISA　TIMSS　全国学力・学習状況調査 →131ページ参照

○背景に、家庭の教育力の低下に伴う家庭学習や学習習慣の不十分さなどが指摘されていること

○教職経験の少ない教員の増加など教員の実践的な指導力の向上が課題となっていること

〈論文作成上のポイント〉

○各種調査の最新の調査結果（教科だけでなく学習意識等も）を踏まえて述べられているか

○「確かな学力」[1]についての理解（学習指導要領等の位置づけ）を踏まえ、それを育成するための方法[2]が具体的に述べられているか

　※1 「知識や技能はもちろんのこと、これに加えて、学ぶ意欲や自分で課題を見つけ、自ら学び、主体的に判断し、行動し、よりよく問題解決する資質や能力等までを含めたもの」

　※2 「個に応じた指導　個別指導、グループ別指導、繰り返し指導、習熟の程度に応じた指導、児童生徒の興味関心等に応じた課題学習、補充的な学習や発展的な学習、教師間の協力的な指導」　家庭学習の習慣（化）等

〈関連情報〉

PISA 型読解力：従来の読解力テストと異なり、「自らの目標を達成し、自らの知識と可能性を発達させ、効果的に社会に参加するために、書かれたテキストを理解し、利用し、熟考する能力」のこと。

　「情報を取り出す力、情報を理解し解釈する力、評価したり熟考したりする力、それらに基づいて自分の考えを論述する力」が重要視される。

〈参考〉

学力調査の比較

調査名	実施主体	対象学年	教科等	特徴	実施間隔	その他
PISA（生徒の学力実態調査）	OECD（経済協力開発機構）	15歳児（高1）	読解力 数学的リテラシー 科学的リテラシー	知識や技能の活用力を調査	3年	2000年から開始。「実生活の様々な場面でどれだけ使えるか」を調査。2015年実施
TIMSS（国際数学・理科教育動向調査）	IEA（国際教育到達度評価学会）	10歳児（小4） 14歳児（中2）	算数・数学 理科	知識や技能の習得の程度を調査	4年	2015年実施
全国学力・学習状況調査	文部科学省	小6 中3	国語 算数・数学 理科（3年に1回程度）	「知識」に関する調査と「活用」に関する調査	毎年（25年度以降は悉皆調査）	理科は2015年度調査

※各調査とも生活習慣や学習環境等を質問紙法で調査

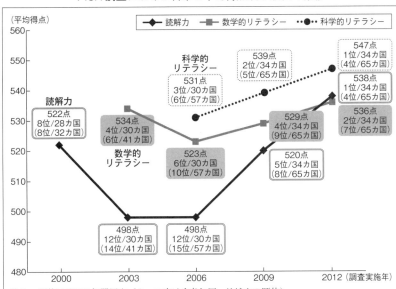

PISA調査における日本の平均得点及び順位の推移

注1：順位はOECD加盟国中（カッコ内は全参加国・地域中の順位）。
注2：数学的リテラシー、科学的リテラシーは経年比較可能な調査回以降の結果を掲載。

「2012年 PISA調査」では
- 読解力・数学的リテラシー・科学的リテラシーの3分野とも平均点が最も高くなっている。
- コンピュータ使用型の「問題解決能力」をみる調査も実施されている。

132　Ｖ　教育トピック

5. 言語活動の充実 　〈重要〉学習指導要領（総則等）　読書活動
コミュニケーション能力

〈出題の背景〉

○近年の国内外の学力調査の結果等から我が国の子どもたちには思考
　力・判断力・表現力等に課題がみられること

○児童生徒の生きる力の育成を目指し、基礎的・基本的な知識及び技
　能を習得させ、これらを活用して課題を解決するために必要な思考
　力、判断力、表現力等を育むとともに、主体的に学習に取り組む態
　度を養うためには、言語活動の充実を図ることが大切であること

○言語は、知的活動（論理や思考）やコミュニケーション、感情・情
　緒の基盤であり、豊かな心を育む上でも言語に関する能力を高める
　ことが重要であること

　→学校教育法：第21、30条等に学力の重要な要素であることを規定

　　第30条（（小学校の）教育の目標）

　　　　小学校における教育は、前条に規定する目的を実現するために必要な程度
　　　において第21条各号に掲げる目標を達成するよう行われるものとする。

　　2　前項の場合においては、生涯にわたり学習する基盤が培われるよう、基礎
　　　的な知識及び技能を習得させるとともに、これらを活用して課題を解決する
　　　ために必要な思考力、判断力、表現力その他の能力をはぐくみ、主体的に学
　　　習に取り組む態度を養うことに、特に意を用いなければならない。

　→学習指導要領：各教科等における言語活動の充実　→133ページ参照

〈論文作成上のポイント〉

○出題の背景や学習指導要領改訂の主な改善点等の理解を踏まえ述べ
　られているか

○言語活動の充実について具体的な手立てや方策が述べられているか

⒥・国語科と各教科等における言語活動の取組みや工夫　～　学習指導要領、同解
　　説等に具体例が示されている。

　・読書活動の推進　～「朝の読書活動」等の状況と教育効果

　・学校図書館の活用　～「読書センター」や「（調べ学習等の）学習情報センタ
　　ー」としての機能

5．言語活動の充実　133

〈参考〉　学習指導要領 総則

小学校学習指導要領「総則」

第1　教育課程編成の一般方針

　　学校の教育活動を進めるに当たっては、各学校において、児童に**生きる力**
をはぐくむことを目指し、創意工夫を生かした特色ある教育活動を展開する
中で、**基礎的・基本的な知識及び技能を確実に習得**させ、これらを活用して
課題を解決するために必要な思考力、判断力、表現力その他の能力をはぐく
むとともに、**主体的に学習に取り組む態度を養い**、個性を生かす教育の充実
に努めなければならない。

　　その際、児童の発達の段階を考慮して、**児童の言語活動を充実する**ととも
に、家庭との連携を図りながら、児童の学習習慣が確立するよう配慮しなけ
ればならない。

第4　指導計画の作成等に当たって配慮すべき事項

　2(1)　各教科等の指導に当たっては、児童の**思考力、判断力、表現力等を**
ぐくむ観点から、基礎的・基本的な知識及び技能の活用を図る学習活動を重
視するとともに、**言語に対する関心や理解を深め、言語に関する能力の育成**
を図る上で必要な言語環境を整え、児童の言語活動を充実すること。

〈重要ポイント〉

- 国語科を中心に各教科等の指導で言語活動を充実すること

　　「話すこと・聞くこと」や「書くこと」「読むこと」に関する基本的な国語
　の力を定着させたり、言葉の美しさやリズムを体感させたりするとともに、発
　達の段階に応じて、記録、要約、説明、論述、討論といった言語活動を行う
　能力を培う必要がある。

- 思考力、判断力、表現力等を育む観点から言語活動を充実すること

〈他の参考資料〉

- 文科省「言語活動の充実に関する指導事例集（小・中・高等学校版）」平成23、24年
- 文科省「子どもの読書活動の推進に関する基本的な計画（第三次）」平成25年5月

134 　V　教育トピック

6. いじめ問題への対応　〈重要〉いじめの定義　現状

〈出題の背景〉

○いじめを苦にした児童生徒の自殺が事後の対応の不十分さ等と相まって大きな社会問題になっていること

○いじめはどの学校、どの子どもにも起こりうる問題であり、重大な人権侵害であることから、その解決や、子どもの安全安心、尊厳を保持することが喫緊の課題となっていること

〈論文作成上のポイント〉

○いじめとは何か、その意味（定義）、現状、影響等を踏まえたものとなっているか

○「いじめは絶対に許されない」という前提に立った<u>教員（担任）としての具体的な考えや対応</u>※が示されているか

　※大事な視点

　•「全力で守る」等、被害児童生徒の立場に立った対応

　•加害児童生徒への事実確認と粘り強い指導

　•早期発見（サイン）や早期対応

　•教職員間の連携と学校指導体制

　　「一人で抱え込まない」、「ホウ（報告）レン（連絡）ソウ（相談）」など

　•家庭、地域、関係諸機関との連携

　•未然防止に向けて　～　学級経営（学級における豊かな人間関係づくり、

　　コミュニケーションづくり）　道徳教育、「わかる授業」の工夫・充実　等

〈関連情報〉「ネット上のいじめ」

•ネット上のいじめが増加していること。意味や内容、深刻さの理解。

•「情報モラル教育の充実」「（家庭での）ルール」「未然防止・早期発見・早期対応」「家庭や地域、諸機関との連携」等

•文科省：「ネット上のいじめ」に関する対応マニュアル・事例集（学校・教員向け）

2008（平成20）年11月

〈参考〉「いじめの定義」「いじめの認知件数」

　文科省「平成27年度児童生徒の問題行動等生徒指導上の諸問題に関する調査」における「いじめの定義」並びに「いじめの認知件数（調査結果）」等

いじめの定義

> 　本調査において、個々の行為が「いじめ」に当たるか否かの判断は、表面的・形式的に行うことなく、いじめられた児童生徒の立場に立って行うものとする。
>
> 　「いじめ」とは、「児童生徒に対して、当該児童生徒が在籍する学校に在籍している等当該児童生徒と一定の人的関係にある他の児童生徒が行う心理的又は物理的な影響を与える行為（インターネットを通じて行われるものを含む。）であって、当該行為の対象となった児童生徒が心身の苦痛を感じているもの。」とする。なお、起こった場所は学校の内外を問わない。
>
> 　「いじめ」の中には、犯罪行為として取り扱われるべきと認められ、早期に警察に相談することが重要なものや、児童生徒の生命、身体又は財産に重大な被害が生じるような、直ちに警察に通報することが必要なものが含まれる。これらについては、教育的な配慮や被害者の意向への配慮のうえで、早期に警察に相談・通報の上、警察と連携した対応を取ることが必要である。

いじめの認知（発生）件数の推移　　学年別いじめの認知件数のグラフ（国公私立）

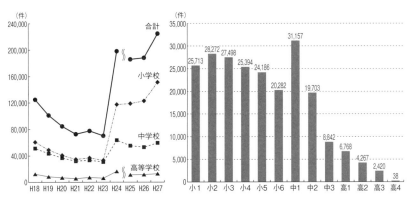

136　V　教育トピック

「いじめの防止等のための基本的な方針」（平成25年10月　文科省）

　いじめは、いじめを受けた児童生徒の教育を受ける権利を著しく侵害し、その心身の健全な成長及び人格の形成に重大な影響を与えるのみならず、その生命又は身体に重大な危険を生じさせるおそれがあるものである。

　本基本的な方針（以下「国の基本方針」という。）は、児童生徒の尊厳を保持する目的の下、国・地方公共団体・学校・地域住民・家庭その他の関係者の連携の下、いじめの問題の克服に向けて取り組むよう、いじめ防止対策推進法第11条第1項の規定に基づき、文部科学大臣は、いじめの防止等（いじめの防止、いじめの早期発見及びいじめへの対処をいう。以下同じ。）のための対策を総合的かつ効果的に推進するために策定するものである。

※いじめ防止対策推進法（平成25年）

第1条（目的）この法律は、いじめが、いじめを受けた児童等の教育を受ける権利を著しく侵害し、その心身の健全な成長及び人格の形成に重大な影響を与えるのみならず、その生命又は身体に重大な危険を生じさせるおそれがあるものであることに鑑み、児童等の尊厳を保持するため、いじめの防止等（いじめの防止、いじめの早期発見及びいじめへの対処をいう。以下同じ。）のための対策に関し、基本理念を定め、国及び地方公共団体等の責務を明らかにし、並びにいじめの防止等のための対策に関する基本的な方針の策定について定めるとともに、いじめの防止等のための対策の基本となる事項を定めることにより、いじめの防止等のための対策を総合的かつ効果的に推進することを目的とする。

第11条（いじめ防止基本方針）文部科学大臣は、関係行政機関の長と連携協力して、いじめの防止等のための対策を総合的かつ効果的に推進するための基本的な方針（以下「いじめ防止基本方針」という。）を定めるものとする。

「学校における『いじめ防止』『早期発見』いじめに対する措置」のポイント」
主な内容

1　いじめの防止

（ア）いじめについての共通理解　（イ）いじめに向かわない態度・能力の育成

（ウ）いじめが生まれる背景と指導上の注意　（エ）自己有用感や自己肯定感を育む

（オ）児童生徒が自らがいじめについて学び、取り組む

2 早期発見　いじめの早期発見のための措置
　　実態把握　訴えやすい雰囲気づくり　家庭との連携
3 いじめに対する措置
　　発見・通報を受けたときの対応　　児童生徒・保護者への支援
　　いじめた児童生徒への指導・保護者への助言　　集団への働きかけ
　　ネットいじめへの対応
4 その他
　　組織的な指導体制　　校内研修の充実　　校務の効率化
　　学校評価と教員評価　　地域や家庭との連携について

いじめはどの子にも〜多くの子が被害と加害を経験

国立教育政策研究所調査

小学生の9割　被害と加害

二〇一〇〜一二年の三年間に、いじめを受けたことがある小学生と、いじめをしたことがある小学生は、ともに90％近くに上ることが五日、分かった。多くの子どもが被害、加害の両方を経験していることになり、被害者と加害者が入れ替わりながらいじめに関わっている様子がうかがえる。

国立教育政策研究所うになったりすると、が公表したいじめ追跡深刻な結果につながり調査で判明。研究所はかねない」としている。「大部分の子どもがい

〇七〜〇九年の調査じめを日常的に経験しでも、ほぼ同じ傾向がている。多くは一週間出ており、子どもを取もすれば自然と解決するが、長引いたり、多り巻くいじめの状況が数が一人をいじめるよ固定化している実態が浮き彫りになった。

調査は首都圏にある人口十万人規模の一つの市で実施。大都市通勤、通学する人も多く、新興住宅地と旧市

10〜12年追跡調査　立場入れ替え関わる

街地、農地や昔ながらの商業地区がある。市内の全小中学計十九校に在籍する小四〜中三の五月、六月と十一月の年二回ずつ、計六回にわたり、いじめについて尋ねて推移を調べた。

一〇年六月に小四だった約七百人のうち、小六になった一二年十一月まで「仲間外れ、無視、陰口」をされたことが「ぜんぜんなかった」と六回とも答えたのは13％で、一回でも被害を訴えたことがあるのは87％。加害経験が一回でもあったのは86％。前回調査では小学生の被害経験が79％、加害経験は77％。同じ時期に中学三年間を過ごした生徒のうち、被害を受けていたのは71％で、加害経験があるのは72％で、小学生に比べいじめを経験している割合が低かった。

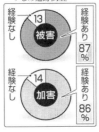

小学4年から3年間のいじめ経験
※国立教育政策研究所のいじめ追跡調査

被害　経験なし 13　経験あり 87％
加害　経験なし 14　経験あり 86％

2013年（平成25年）8月6日付　東京新聞朝刊（共同通信配信）

138   V　教育トピック

7.　生徒指導　〈重要事項〉積極的生徒指導　文科省調査結果

〈出題の背景〉

○児童生徒の問題行動※や不登校に関わる課題等が多様化、複雑化、深
　刻化している中で生徒指導の充実が求められていること。

　※暴力行為、いじめ、喫煙、飲酒、薬物乱用、家出、深夜徘徊、万引き、
　　インターネット・携帯電話に関わる問題等

○「問題行動への対応」にとどまらず、「生徒指導」の積極的な意義※
　を踏まえた取組みを推進していくことが求められていること。

　※**生徒指導の意義**　文科省：「生徒指導提要」2010(平成22)年３月より

　　　「生徒指導は、一人一人の児童生徒の個性の伸張を図りながら、同時に社
　　会的な資質や能力・態度を育成し、さらに将来において社会的に自己実現
　　ができるような資質・態度を形成していくための指導・援助であり、個々
　　の児童生徒の自己指導能力の育成を目指すものである」こと。

　　　そのために、「日々の教育活動においては、①児童生徒に自己存在感を与
　　えること　②共感的な人間関係を育成すること　③自己決定の場を与え自
　　己の可能性の開発を援助すること　の３点に特に留意することが大切であ
　　る。」こと。

〈論文作成上のポイント〉

○「生徒指導の積極的な意義」を理解し、踏まえて述べられているか

○「問題行動」への対応については、文科省調査の（最新の）結果を
　踏まえ述べられているか →毎年９月前後に前年度調査結果が公表される

○「生徒指導」の充実について具体的に述べられているか

　→「生徒指導提要」には、道徳教育、特別活動における生徒指導のあり方、児童
　　生徒理解、学校における生徒指導体制、教育相談等のあり方、児童生徒全体
　　や個別の指導のあり方等が示されているので参考にして、論述したい。

　→139ページ参照

〈関連情報〉

• 文科省：平成27年度「児童生徒の問題行動等生徒指導上の諸問題に関する調査」
　結果（速報値）について　平成28年10月27日　→140ページ参照

7．生徒指導　139

〈参考〉　学習指導要領　総則

小学校学習指導要領「総則」（指導計画の作成に当たって配慮すべき事項）

「日ごろから学級経営の充実を図り、教師と児童の信頼関係及び児童相互の好ましい人間関係を育てるとともに児童理解を深め、生徒指導の充実を図ること」

中・高等学校学習指導要領では

上記の規定に加え、「生徒が自主（主体）的に判断、行動し積極的に自己を生かしていくことができるよう」と生徒指導充実の方向付けがなされている。

「生徒指導提要」の主な構成・内容

第1章　生徒指導の意義と原理
　　教育課程における位置づけ　集団指導・個別指導の方法原理　等
第2章　教育課程と生徒指導
　　教科並びに道徳教育、特別活動等における生徒指導
第3章　児童生徒の心理と児童生徒理解
　　児童生徒理解の基本　児童期、青年期の心理と発達　等
第4章　学校における生徒指導体制
　　基本的な考え方　研修　全校指導体制の確立　等
第5章　教育相談
　　意義　相談体制の構築　進め方　専門機関等との連携　等
第6章　生徒指導の進め方
　　Ⅰ　児童生徒全体への指導〜　組織的対応と関係諸機関との連携
　　　　学級担任の指導　基本的生活習慣の確立　等
　　Ⅱ　個別の課題を抱える児童生徒への指導〜　問題行動の早期発見
　　　　と効果的な指導　暴力行為、いじめ　など13の節から構成
第7章　生徒指導に関する法制度
　　校則　懲戒と体罰　出席停止　等
第8章　学校と家庭・地域・関係機関との連携

140　　Ｖ　教育トピック

資料　平成27年度「児童生徒の問題行動等生徒指導上の諸問題に関する調査」結果

- 毎年、都道府県・政令市教育委員会を通して各学校に、前年度の暴力行為やいじめ、不登校等について調査し、結果を発表。今回は平成28年10月に発表された。
- 問題行動の概要を知ることができるので、文科省ホームページ等で検索し、<u>最新の調査結果を確認するようにしたい</u>。下記に主な調査結果を示す。

(1) 小・中・高等学校における、**暴力行為の発生件数**は<u>56,963件</u>と前年度（約5万4千件）より約2千7百件多く、児童生徒1千人当たりの発生件数は4.21件（前年度3.98件）である。

→小学校約17,100件　中学校約33,000件　高等学校約6,700件。<u>小学校のみ約5,700件増加（特に生徒間暴力が約4千件増加）</u>。

→「暴力行為」の内訳は、**対教師暴力**約8,200件、**生徒間暴力**約36,200件、**対人暴力**約1,400件、**器物破損**約11,200件で、<u>生徒間暴力のみ前年度より増加</u>。

(2) 小・中・高・特別支援学校における、**いじめの認知件数**は<u>224,540件</u>と、前年度（約18万8千件）より<u>約3万6千件増加</u>し、児童生徒1千人当たりの発生件数は16.4件（前年度13.7件）である。

- 小学校約151,200件　中学校約59,400件　高等学校約12,650件　特別支援学校約1,270件。小学校と特別支援学校は調査開始（昭和60年度）以降最高の件数。
- **いじめを認知した学校数**は23,528校（前年度より1,885校増加）
- いじめの現在の状況で「**解消しているもの**」の件数の割合は88.6%（前年度88.7%）
- **いじめの発見のきっかけ**は、「アンケート調査など学校の取組により発見」51.4%（前年度50.9%）「本人からの訴え」17.2%　「学級担任が発見」11.8%
- いじめられた児童生徒の相談の状況は「学級担任に相談」が最も多く74.7%
- いじめの態様のうちパソコンや携帯電話等を使ったいじめは9,149件（前年度より1,251件増加）で、いじめの認知件数に占める割合は4.07%。→134ページ「ネット上のいじめ」参照
- いじめの日常的な実態把握のために、学校が直接児童生徒に対して行った具体的な方法は、「アンケート調査の実施」97.7%　「個別相談の実施」88.1%　「個人ノート等」53.9%。

(3) 小・中学校における、**不登校児童生徒数**は126,009人と、前年度より約3千1百人増加し、不登校児童生徒の割合は1.26%（前年度1.21%）である。

→小学校27,581人（前年度25,864人）　中学校98,428人（同97,033人）。在籍者数に占める割合は小学校0.42%（前年度0.39%）　中学校2.83%（同2.76%）

(4) 高等学校における、**不登校生徒数**は49,591人と、前年度より約3千5百人減少し、不登校生徒の割合は1.49%（前年度1.59%）である。

7．生徒指導　141

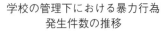

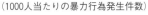

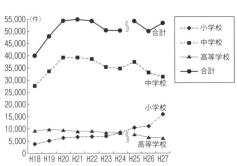

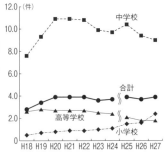

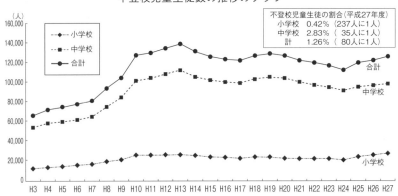

8. 体罰・懲戒 〈重要〉学校教育法第11条

〈出題の背景〉
○2012（平成24）年12月大阪市の男子高校生が部活動顧問の体罰を受け自殺したことに端を発し、中学、高等学校における運動部活動を中心とする体罰問題が大きな問題となった
○文科省は翌年1月に実態調査を実施、3月にそれを踏まえた通知を出している
○これらの出来事並びに学校や教育委員会の対応も含めて、教師や学校等への信頼感を損なう問題となっていること

〈論文作成上のポイント〉
○体罰は人権侵害であり、子どもの心身等に深刻な悪影響を与えるものであること。また、教師や学校への信頼を大きく失墜させるものであることを踏まえ、述べられているか
○体罰と懲戒の違いをきちんと理解し、踏まえたものになっているか
○なぜ体罰が起こるのかを考え、望ましい指導や叱り方のあり方について自分なりに表現できているか

〈関連情報〉
学校教育法第11条
　校長及び教員は、教育上必要があると認めるときは、文部科学大臣の定めるところにより、児童、生徒及び学生に懲戒を加えることができる。ただし、体罰を加えることはできない。　※懲戒：退学、停学、訓告、訓戒、叱責など。停学は公・私立、退学は公立小・中学校などの学齢児童生徒には行うことはできない。

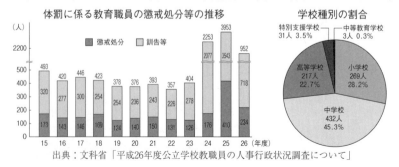

出典：文科省「平成26年度公立学校教職員の人事行政状況調査について」

8．体罰・懲戒　143

〈参考〉　（文科省通知等）

○「体罰の禁止及び児童生徒理解に基づく指導の徹底について」2013（平成25）3 月　別紙「学校教育法第11条に規定する児童生徒の懲戒・体罰等に関する参考事例」

○「運動部活動の在り方に関する調査研究報告書（運動部活動での指導のガイドライン）」2013（平成25）5 月

○「体罰根絶に向けた取組の徹底について」2013（平成25）8 月

1　体罰の未然防止
　⑴　体罰禁止
　　　校内研修等を通じて体罰禁止の趣旨の徹底と懲戒・体罰の区別等のより一層の理解を深めること　など
　⑵　組織的な指導体制の確立と指導力の向上
　　　指導が困難な児童生徒の対応を一部の教員に任せきりにしたり、特定の教員が抱えこんだりすることのないよう、指導教諭、生徒指導担当教員、部活動顧問の教員等による組織的な指導を徹底すること
　　　児童生徒理解に基づく適切な指導ができるよう、日頃より指導力向上に努めること
　　　たとえ指導上の困難があっても、決して体罰によることなく、粘り強い指導や適切な懲戒を行い、児童生徒が安心して学べる環境を確保すること
　⑶　部活動指導における体罰の防止のための取組み
　　　中・高校では「部活動」において最も多くの体罰が報告されていることに鑑み、部活動における体罰の防止について特に留意する必要があること
　　　「運動部活動での指導のガイドライン」の趣旨、内容を理解の上、部活動の指導者（顧問の教員、外部指導者）による体罰等の根絶及び適切かつ効果的な指導に向けた取組みを実施すること

2　徹底した実態把握及び早期対応
　⑴　体罰の実態把握
　⑵　報告及び相談の徹底
　⑶　事案に応じた厳正な処分等

3　再発防止

144　Ⅴ　教育トピック

9. 保護者からの苦情への対応 〈重要〉各教育委員会作成「マニュアル」等

〈出題の背景〉

○社会の急激な変化や価値観の多様化など[※1]から、保護者の苦情や要望等が増えていること。中には「モンスターペアレント」[※2]と呼ばれる親もいること

○対応特に初期対応を誤るとクレームを拡大させ担任や学校に対する不信へと結びついたり、教師の精神的、身体的な負担の増大や学級や学校経営にも支障をきたしたりすること

[※1]　保護者からの苦情等が増えてきた背景

　　　学　校：不祥事等による教員の権威の失墜　保護者とのコミュニケーションの不足　等

　　　保護者：保護者の高学歴化　学校教育への関心の高まり　権利意識の高まり少子化による子どもへの過干渉・過保護　等

[※2]　「自己中心的で理不尽な要望を繰り返す親」を意味する和製英語。言葉の意味合いから「特別視したり、対決姿勢をとったりする」ことにつながりかねず、対応（論述）する上では注意する必要がある。

〈論文作成上のポイント〉

○保護者対応の基本的姿勢について「子どものよりよい成長を願うパートナー」としての立場に立って述べられているか

○具体的な対応に当たっては、一人で抱え込まないこと（「ホウレンソウ」）、他の教職員と連携協力（学校体制）して取り組んでいくことの必要性が述べられているか

○日常の丁寧できめ細かい対応の大切さについて、具体的に述べられているか　→都道府県教育委員会等が作成した「保護者対応マニュアル」では、多くが日常の取組みの大切さを取り上げている。→145ページ参照

学級における具体的な取組み（例）

　－子どもや保護者とのコミュニケーションや信頼関係を深めるために－

- 学級だより等の情報の発信　保護者との積極的な関わり（こまめな連絡等）
- 保護者会の工夫～興味関心を高めるテーマ・資料、コの字型等の座席設定
- 「わかる授業」に努める　子どもへの声かけや親身に相談にのる　等

保護者対応にあたっての具体的な対応（例）

| 初期対応をしっかりと行う |
| ↓　真摯に誠実に対応する　話を最後まで聞く（共感・傾聴）　言い訳しない |
| 組織（チーム）として対応する |
| ↓　一人で抱え込まない（「ホウレンソウ」）　連絡系統を統一する |
| 迅速に対応する |
| ↓　事実の確認・調査をし対応する　期日を決め途中報告を怠らない |
| 経験を共有する |
| 　　研修等で次に生かす　再発防止を図る |
| 　　　　　　　　　　　　　　　※各段階を通じて記録をしっかりと取る |

〈参考〉　各都道府県作成のマニュアルや手引き等

　文部科学省ホームページを検索（「保護者や地域等からの要望等に関する教育委員会における取組」）すると、都道府県教育委員会の作成したマニュアル等の情報を知ることができる。

　東京都は「学校問題解決の手引き～保護者との対話を活かすために～」を平成22(2010)年3月に作成し各学校に配布している。

　主な内容は次のようになっている。
- 教員の苦情のとらえ方の特徴
- 学校が行う保護者等へのよりよい対応　※「初期対応」の大切さについて
- 事例からつかむ対応のヒント
- 学校問題の未然防止・早期対応に向けて

※「初期対応」の大切さについて

　「無理難題ととらえるか？　連携の第一歩にするのか」と題して、次のような図で示している。

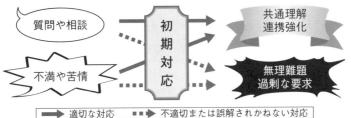

146 V 教育トピック

10. 学校安全・学校防災　〈重要〉生きる力を育む安全教育、防災教育

〈出題の背景〉

○学校においては児童生徒の安全の確保※が保障されることが必要不可欠であるとともに、生涯にわたり自らの安全を確保することのできる基礎的な素養を育成していくことが求められること

　※学校における危機管理は、地震や津波、台風などの自然災害、火災や原子力災害だけでなく、交通事故、活動中の不慮の事故、侵入者、熱中症、さらには学校内の個人情報管理、いじめ等なども含めると多岐にわたる。

○「東日本大震災」が学校現場に与えた衝撃は大きく、学校防災の在り方を考え直す機会になっているとともに、今後の復興に向けて心身ともにたくましい人材の育成が求められていること。また、学校施設が周辺地域に果たすべき役割等についても一層重視されてきていること

○「災害に適切に対応する能力の基礎を養う」という防災教育のねらいは、「生きる力を育む」ことと密接に関連しており、学校においては、児童生徒の発達段階を考慮して、関連する教科、総合的な学習の時間、特別活動等学校の教育活動全体を通じた防災教育の展開が求められていること

〈論文作成上のポイント〉

○家庭や地域との連携・協力を図りながら、児童生徒の発達段階を踏まえ、関連する教科、総合的な学習の時間、特別活動など学校の教育活動全体を通じて安全教育・防災教育を展開していくことが具体的に述べられているか

○「生きる力」を育む安全教育・防災教育という観点で述べられているか　→学習指導要領：「総則」「特別活動」に健康・安全に関わる内容がある。

10. 学校安全・学校防災　147

〈関連資料〉
- 文科省　学校安全参考資料「『生きる力』をはぐくむ学校での安全教育」平成22年3月
- 文科省「学校防災マニュアル（地震・津波災害）作成の手引き」平成24年3月
- 「学校安全の推進に関する計画」平成24年4月
- 文科省「学校防災のための参考資料『生きる力』を育む防災教育の展開」

平成25年3月

〈参考〉

安全教育の領域と構造

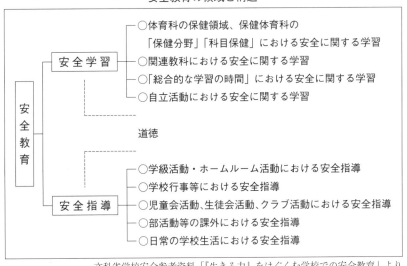

文科省学校安全参考資料「『生きる力』をはぐくむ学校での安全教育」より

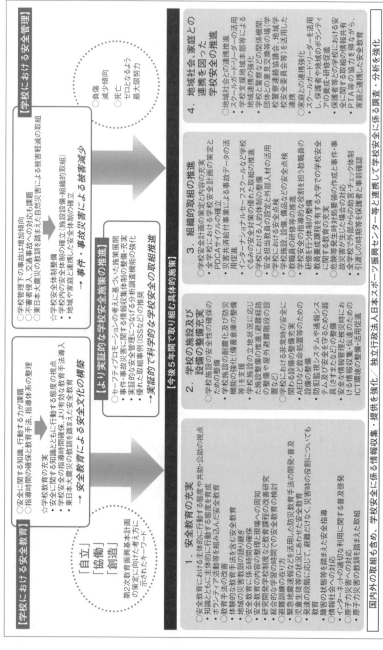

10. 学校安全・学校防災　149

「学校安全・学校防災」関係資料

発達の段階に応じた防災教育

ア．自然災害等の現状、原因及び減災等について理解を深め、現在及び将来に直面する災害に対して、
　的確な思考・判断に基づく適切な意志決定や行動選択ができる。（知識、思考・判断）
イ．地震、台風の発生等に伴う危険を理解・予測し、自らの安全を確保するための行動ができるよう
　にするとともに、日常的な備えができる。（危険予測、主体的な行動）
ウ．自他の生命を尊重し、安全で安心な社会づくりの重要性を認識して、学校、家庭及び地域社会の
　安全活動に進んで参加・協力し、貢献できる。（社会貢献、支援者の基盤）

高等学校段階における防災教育の目標
　安全で安心な社会づくりへの参画を意識し、地域の防災活動や災害時の支援活動において、適切な
役割を自ら判断し行動できる生徒

ア．知識、思考・判断	イ．危険予測・主体的な行動	ウ．社会貢献、支援者の基盤
•世界や日本の主な災害の歴史や原因を理解するとともに、災害時に必要な物資や支援について考え、日常生活や災害時に適切な行動をとるための判断に生かすことができる。	•日常生活において発生する可能性のある様々な危険を予測し、回避するとともに災害時には地域や社会全体の安全について考え行動することができる。	•事前の備えや災害時の支援について考え、積極的に地域防災や災害時の支援活動に取り組む。

中学校段階における防災教育の目標
　日常の備えや的確な判断のもと主体的に行動するとともに、地域の防災活動や災害時の助け合いの
大切さを理解し、すすんで活動できる生徒

ア．知識、思考・判断	イ．危険予測・主体的な行動	ウ．社会貢献、支援者の基盤
•災害発生のメカニズムの基礎や諸地域の災害例から危険を理解するとともに、備えの必要性や情報の活用について考え、安全な行動をとるための判断に生かすことができる。	•日常生活において知識を基に正しく判断し、主体的に安全な行動をとることができる。 •被害の軽減、災害後の生活を考え備えることができる。 •災害時には危険を予測し、率先して避難行動をとることができる。	•地域の防災や災害時の助け合いの重要性を理解し、主体的に活動に参加する。

小学校段階における防災教育の目標
　日常生活の様々な場面で発生する災害の危険を理解し、安全な行動ができるようにするとともに、
他の人々の安全にも気配りできる児童

ア．知識、思考・判断	イ．危険予測・主体的な行動	ウ．社会貢献、支援者の基盤
•地域で起こりやすい災害や地域における過去の災害について理解し、安全な行動をとるための判断に生かすことができる。 •被害を軽減したり、災害後に役立つものについて理解する。	•災害時における危険を認識し日常的な訓練等を生かして、自らの安全を確保することができる。	•自他の生命を尊重し、災害時及び発生後に、他の人や集団、地域の安全に役立つことができる。

幼稚園段階における防災教育の目標
　安全に生活し、緊急時に教職員や保護者の指示に従い、落ち着いて素早く行動できる幼児

ア．知識、思考・判断	イ．危険予測・主体的な行動	ウ．社会貢献、支援者の基盤
•教師の話や指示を注意して聞き理解する。 •日常の園生活や災害発生時の安全な行動の仕方が分かる。 •きまりの大切さが分かる。	•安全・危険な場や危険を回避する行動の仕方が分かり、素早く安全に行動する。 •危険な状況を見付けた時、身近な大人にすぐ知らせる。	•高齢者や地域の人と関わり、自分のできることをする。 •友達と協力して活動に取り組む。

　障害のある児童生徒等については、上記のほか、障害の状態、発達の段階、特性及び地域の実態等に
応じて、危険な場所や状況を予測・回避したり、必要な場合には援助を求めることができるようにする。

文科省：学校防災のための参考資料『『生きる力』を育む防災教育の展開』（2013（平成25）年3月）

Ⅵ 教育時事主要テーマ別各自治体出題分析一覧

山田 和広

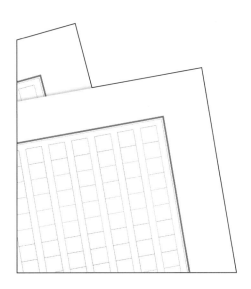

Ⅵ 教育時事主要テーマ別各自治体出題分析一覧

○2014年夏、2015年夏の出題自治体の分析を掲載しているため、最新動向の把握に活用してください。
○ローカル時事問題について、掲載しています。出題実績のある自治体対策に活用してください。

テーマ	出　典	年月日	2014年夏出題自治体	2015年夏出題自治体
いじめ	文部科学省「児童生徒の問題行動等生徒指導上の諸問題に関する調査」(いじめの定義)	各年度別ごと	神奈川県(横浜市・川崎市・相模原市)、静岡県(静岡市・浜松市)	
	文部科学省「いじめの問題への取組の徹底について(通知)」	2006年10月19日	静岡県(静岡市・浜松市)	
	文部科学省「『ネット上のいじめ』に関する対応マニュアル・事例集(学校・教員向け)」	2008年11月12日	福井県	京都府
	文部科学省「いじめ、学校安全等に関する総合的な取組方針～子どもの『命』を守るために～」	2012年9月5日	大阪府・豊能地区(大阪市・堺市)	愛知県
	国立教育政策研究所　『生徒指導 Leaf10　いじめと暴力』『生徒指導 Leaf11　いじめの「認知件数」』	2013年1月		沖縄県
	いじめ防止対策推進法	2013年9月28日施行	青森県、岩手県、秋田県、山形県、福島県(小中)、栃木県、群馬県、埼玉県(さいたま市)、千葉県(千葉市)、東京都、新潟県(新潟市)、山梨県、岐阜県、名古屋市、三重県、滋賀県、京都府、大阪府・豊能地区(大阪市・堺市)、兵庫県、神戸市、奈良県(大和高田市)、和歌山県、島根県、岡山県(岡山市)、広島県(広島市)、山口県、徳島県、香川県、愛媛県、高知県、福岡県(福岡市・北九州市)、長崎県、熊本県(熊本市)、大分県、宮崎県、沖縄県	岩手県、宮城県(仙台市)、茨城県、埼玉県(さいたま市)、神奈川県(横浜市・川崎市・相模原市)、石川県、福井県、山梨県、長野県(小中)、静岡県(静岡市・浜松市)、神戸市、和歌山県、鳥取県、島根県、広島県(広島市)、山口県、高知県、福岡県(福岡市・北九州市)、熊本県(熊本市)、大分県
	文部科学省「いじめ防止基本方針の策定について(通知)」(参考資料含む)	2013年10月11日	福井県、大分県、宮崎県	大阪府・豊能地区(大阪市・堺市)、愛媛県
	文部科学省「学校ネットパトロールに関する取組事例・資料集」(教育委員会等向け)	2012年9月11日	福井県	
問題行動	文部科学省「児童生徒の問題行動等生徒指導上の諸問題に関する調査」(不登校の定義を含む)	各年度別ごと	【不登校】北海道(札幌市)、【いじめ】秋田県、【いじめ、不登校、暴力行為、高校中退】東京都、【いじめ、不登校】神奈川県(横浜市・川崎市・相模原市)、【不登校】奈良県(大和高田市)	【不登校】秋田県、和歌山県【いじめ】茨城県、【いじめ、不登校、暴力行為】埼玉県(さいたま市)、東京都
	文部科学省「不登校への対応の在り方について(通知)」	2003年5月16日		
	文部科学省『教師が知っておきたい子どもの自殺予防』	2009年3月27日		

テーマ	出典	年月日	2014年夏 出題自治体	2015年夏 出題自治体
問題行動	文部科学省「学校における携帯電話の取扱い等について(通知)」	2009年1月30日		群馬県、大分県
	文部科学省・暴力行為のない学校づくり研究会「暴力行為のない学校づくりについて(報告)」	2011年7月	和歌山県	
	文部科学省「連続して欠席し連絡が取れない児童生徒や学校外の集団との関わりの中で被害に遭うおそれがある児童生徒の安全の確保に向けた取組について(通知)」	2015年3月		佐賀県
生徒指導	文部科学省「出席停止制度の運用の在り方について(通知)」	2001年11月		北海道(札幌市)
	文部科学省「児童生徒の規範意識の醸成に向けた生徒指導の充実について(通知)」	2006年6月5日		群馬県
	国立教育政策研究所・生徒指導リーフ「発達障害と生徒指導」「いじめの未然防止」		沖縄県	
	文部科学省・教育相談等における調査研究協力者会議「児童生徒の教育相談の充実について－生き生きとした子どもを育てる相談体制づくり－(報告)」	2007年7月	大分県	新潟県(新潟市)
	『生徒指導提要』 第1章:生徒指導の意義と原理－第1節:生徒指導の意義と課題	2010年3月	福島県(小中)、富山県、奈良県(大和高田市)、和歌山県、山口県、徳島県	青森県、三重県、滋賀県、京都市、山口県、香川県、福岡県(福岡市・北九州市)、長崎県
	第1章:生徒指導の意義と原理－第2節:教育課程における生徒指導の位置付け			福島県、徳島県、愛媛県
	第1章:生徒指導の意義と原理－第3節:生徒指導の前提となる発達観と指導観		大分県	
	第1章:生徒指導の意義と原理－第4節:集団指導・個別指導の方法原理		岐阜県、岡山県(岡山市)	宮崎県
	第2章:教育課程と生徒指導－第1節:教科における生徒指導		福岡県(福岡市・北九州市)(小中養栄)	山梨県、山口県
	第2章:教育課程と生徒指導－第4節:特別活動における生徒指導			
	第3章:児童生徒の心理と児童生徒理解－第1節:児童生徒理解の基本		高知県、沖縄県	
	第3章:児童生徒の心理と児童生徒理解－第2節:児童期の心理と発達		岩手県	
	第3章:児童生徒の心理と児童生徒理解－第3節:青年期の心理と発達		神戸市、山口県	
	第3章:児童生徒の心理と児童生徒理解－第4節:児童生徒理解の資料とその収集		宮崎県	
	第4章:学校における生徒指導体制－第1節:生徒指導体制の基本的な考え方		沖縄県	岡山県(岡山市)
	第4章:学校における生徒指導体制－第3節:年間指導計画			岩手県
	第4章:学校における生徒指導体制－第5節:資料の保管・活用と指導要録		宮崎県	
	第5章:教育相談－第1節:教育相談の意義		大阪府・豊能地区(大阪市・堺市)	青森県、宮城県(仙台市)、奈良県(大和高田市)、和歌山県、大分県
	第5章:教育相談－第2節:教育相談体制の構築		大阪府・豊能地区(大阪市・堺市)	青森県、福岡県(高)
	第5章:教育相談－第3節:教育相談の進め方		埼玉県(さいたま市)、大阪府・豊能地区(大阪市・堺市)、山口県	宮城県(仙台市)、茨城県、大阪府・豊能地区(大阪市・堺市)、岡山県(岡山市)、高知県

テーマ	出典	年月日	2014年夏 出題自治体	2015年夏 出題自治体
生徒指導	『生徒指導提要』 第5章:教育相談－第4節:スクールカウンセラー・専門機関等との連携	2010年3月		宮城県(仙台市)
	第6章:生徒指導の進め方－Ⅰ－第1節:組織的対応と関係機関等との連携			山口県
	第6章:生徒指導の進め方－Ⅰ－第2節:生徒指導における教職員の役割		福岡県(福岡市・北九州市)(高)	
	第6章:生徒指導の進め方－Ⅰ－第4節:学級担任、ホームルーム担任の指導		宮崎県(小中高)	沖縄県
	第6章:生徒指導の進め方－Ⅰ－第5節:基本的な生活習慣の確立			
	第6章:生徒指導の進め方－Ⅰ－第6節:校内規律に関する指導の基本		奈良県(大和高田市)	
	第6章:生徒指導の進め方－Ⅰ－第7節:児童生徒の安全にかかわる問題		宮崎県	
	第6章:生徒指導の進め方－Ⅱ－第1節:問題行動の早期発見と効果的な指導			
	第6章:生徒指導の進め方－Ⅱ－第2節:発達に関する課題と対応			秋田県、山形県
	第6章:生徒指導の進め方－Ⅱ－第5節:暴力行為の予防に向けた取組			
	第6章:生徒指導の進め方－Ⅱ－第6節:いじめ			宮崎県
	第6章:生徒指導の進め方－Ⅱ－第7節:インターネット・携帯電話にかかわる課題		岩手県	
	第6章:生徒指導の進め方－Ⅱ－第10節:児童虐待への対応		秋田県、京都府	北海道(札幌市)、沖縄県
	第6章:生徒指導の進め方－Ⅱ－第12節:不登校		北海道(札幌市)、福岡県(福岡市・北九州市)	大阪府・豊能地区(大阪市・堺市)
	第7章:生徒指導に関する法制度等　第2節:懲戒と体罰			宮崎県
	第7章:生徒指導に関する法制度等　第3節:出席停止			青森県
体罰	文部科学省「問題行動を起こす児童生徒に対する指導について(通知)」	2007年2月5日		岩手県、京都府
	文部科学省「体罰の禁止及び児童生徒理解に基づく指導の徹底について(通知)」(別紙含む)	2013年3月13日	北海道、岩手県、宮城県(仙台市)、福島県(小中、養)、群馬県、東京都、神奈川県(横浜市・川崎市・相模原市)、石川県、山梨県、大阪府・豊能地区(大阪市・堺市)、徳島県	宮城県(仙台市)、東京都、新潟県(新潟市)、宮崎県
	文部科学省「体罰根絶に向けた取組の徹底について(通知)」	2013年8月	佐賀県	三重県、鹿児島県
	文部科学省「運動部活動の在り方に関する調査研究報告書」	2013年5月	鳥取県	
特別支援教育	文部科学省「通常の学級に在籍する発達障害の可能性のある特別な教育的支援を必要とする児童生徒に関する調査結果について」	2012年12月5日	岩手県、神戸市	
	文部科学省・特別支援教育の在り方に関する調査研究協力者会議「今後の特別支援教育の在り方について(最終報告)」	2003年3月28日	愛媛県	
	文部科学省「LD、ADHD、高機能自閉症の児童生徒への教育支援体制の整備のためのガイドライン(試案)」	2004年1月30日	秋田県	

テーマ	出典	年月日	2014年夏 出題自治体	2015年夏 出題自治体
特別支援教育	中央教育審議会答申「特別支援教育を推進するための制度の在り方について」	2005年12月8日	京都市	
	文部科学省「特別支援教育の推進について(通知)」	2007年4月1日	群馬県、岐阜県、愛知県、京都市、山口県、徳島県、香川県、愛媛県、熊本県(熊本市)、大分県、鹿児島県	岩手県、栃木県、三重県、島根県、岡山県(岡山市)、香川県、高知県、長崎県、鹿児島県
	文部科学省『交流及び共同学習ガイド』	2008年8月	奈良県(大和高田市)	
	中央教育審議会「共生社会の形成に向けたインクルーシブ教育システム構築のための特別支援教育の推進(報告)」	2012年7月	宮城県(仙台市)、山形県、茨城県、東京都、石川県、福井県、兵庫県、神戸市、島根県、山口県、愛媛県(特)、宮崎県、鹿児島県	宮城県(仙台市)、秋田県、福島県(特)、千葉県(千葉市)、奈良県(大和高田市)、徳島県、愛媛県、福岡県(福岡市・北九州市)、長崎県、大分県
	国立特別支援教育総合研究所「インクルーシブ教育システム構築支援データベース」(中教審報告書の引用)			名古屋市
	文部科学省「通常の学級に在籍する発達障害の可能性のある特別な教育支援を必要とする児童生徒に関する調査について」	2012年12月		
	文部科学省「障害のある児童生徒の教材の充実について(報告)」	2013年8月	和歌山県	徳島県
	文部科学省「教育支援資料～障害のある子供の就学手続と早期からの一貫した支援の充実」	2013年10月	神奈川県(横浜市・川崎市・相模原市)、静岡県(静岡市・浜松市)、名古屋市	石川県、大阪府・豊能地区(大阪市・堺市)
	文部科学省「障害のある児童生徒等に対する早期からの一貫した支援について(通知)」	2013年10月	京都府、徳島県	北海道(札幌市)、神戸市、徳島県、高知県
	文部科学省「学校教育法施行令の一部改正について(通知)」	2013年9月	福島県(特)、高知県	神奈川県(横浜市・川崎市・相模原市)、鳥取県
	文科省HP「特別支援教育について」-「それぞれの障害に配慮した教育」「発達障害とは」		京都市	
	障害を理由とする差別の解消の推進に関する法律	2013年6月26日公布、2016年4月1日施行	茨城県	
	外務省「障害者権利条約パンフレット」	2015年2月		奈良県(大和高田市)
キャリア教育	文部科学省「キャリア教育の推進に関する総合的調査研究協力者会議報告書～児童生徒一人一人の勤労観、職業観を育てるために～の骨子」	2004年1月	福井県	
	中央教育審議会答申「幼稚園、小学校、中学校、高等学校及び特別支援学校の学習指導要領等の改善について」	2008年1月17日	秋田県	
	中央教育審議会答申「今後の学校におけるキャリア教育・職業教育の在り方について(答申)」	2011年1月31日	宮城県(仙台市)、栃木県、千葉県(千葉市)、新潟県(新潟市)、福井県、山梨県、京都府、兵庫県、奈良県(大和高田市)、和歌山県、島根県、岡山県(岡山市)、高知県	宮城県(仙台市)、群馬県、千葉県(千葉市)、東京都、新潟県(新潟市)、福井県、兵庫県、和歌山県、岡山県(岡山市)、福岡県(高)

156　Ⅵ　教育時事主要テーマ別出題一覧

テーマ	出　典	年月日	2014年夏 出題自治体	2015年夏 出題自治体
キャリア教育	『小学校キャリア教育の手引き(改訂版)』	2011年5月		秋田県、奈良県(大和高田市)
	『小学校・中学校・高等学校　キャリア教育の手引-児童生徒一人一人の勤労観、職業観を育てるために-』	2011年11月	大分県	
	『高等学校キャリア教育の手引き』	2011年11月	宮崎県(高)	
	文部科学省・キャリア教育における外部人材活用等に関する調査研究協力者会議報告書「学校が社会と協働して一日も早くすべての児童生徒に充実したキャリア教育を行うために」	2011年12月9日		
	国立教育政策研究所・生徒指導・進路指導研究センター「キャリア教育をデザインする『今ある教育活動を生かしたキャリア教育』」	2012年8月		
	国立教育政策研究所・生徒指導・進路指導研究センター「キャリア教育・進路指導に関する総合的実態調査　第一次報告書」	2013年3月		
学力問題	文部科学省「平成26年度全国学力・学習状況調査」の概要	各年度別ごと	東京都、静岡県(静岡市・浜松市)	
	IEA国際数学・理科教育動向調査2011年調査(TIMSS2011)の結果	2012年12月11日		
	OECD国際学力到達度調査(PISA 2012)の結果・概要	2013年12月1日	千葉県(千葉市)、石川県、大分県	秋田県、福井県
	平成26年度全国学力・学習状況調査に関する実施要領	2013年11月	高知県	
	文部科学省「『確かな学力に係る実践的調査研究』における『学力定着に課題を抱える学校の重点的・包括的支援に関する調査研究(小・中学校)』」	2013年度	徳島県	
教育振興基本計画	「第1期教育振興基本計画」	2008年7月1日		
	中央教育審議会「第2期教育振興基本計画の策定に向けた基本的な考え方」	2011年12月9日		
	中央教育審議会答申「第2期教育振興基本計画について」	2013年4月25日	福岡県(福岡市・北九州市)	岩手県
	「第2期教育振興基本計画」	2013年6月14日	青森県、宮城県(仙台市)、秋田県、群馬県(キャリア)、埼玉県(さいたま市)、千葉県(千葉市)、神奈川県(横浜市・川崎市・相模原市)、石川県、静岡県(静岡市・浜松市)、奈良県(大和高田市)、熊本県(熊本市)、大分県、宮崎県、沖縄県	北海道(札幌市)、埼玉県(さいたま市)、千葉県(千葉市)、神奈川県(横浜市・川崎市・相模原市)、愛知県、大阪府・豊能地区(大阪市・堺市)、山口県、福岡県(福岡市・北九州市)、長崎県、大分県、宮崎県、沖縄県
教育の情報化	文部科学省『教育の情報化に関する手引』	2010年10月29日	京都府、大阪府・豊能地区(大阪市・堺市)、兵庫県、奈良県(大和高田市)、和歌山県、長崎県、大分県	宮城県(仙台市)、千葉県(千葉市)、新潟県(新潟市)、京都府、岡山県(岡山市)、福岡県(福岡市・北九州市)、佐賀県
	文部科学省「教育の情報化ビジョン」	2011年4月28日	千葉県(千葉市)、福岡県(福岡市・北九州市)	大阪府・豊能地区(大阪市・堺市)

テーマ	出　典	年月日	2014年夏 出題自治体	2015年夏 出題自治体
教育の情報化	内閣府・総務省・経済産業省「お子様が安全に安心してインターネットを利用するために保護者ができること」(保護者向けリーフレット)	2014年1月	岐阜県	
	文部科学省「「ICTを活用した教育の推進に関する懇談会」報告書(中間まとめ)」	2014年8月		福井県、奈良県(大和高田市)
学習指導要領	中央教育審議会答申「幼稚園、小学校、中学校、高等学校及び特別支援学校の学習指導要領等の改善について」	2008年1月17日	静岡県(静岡市・浜松市)、広島県(広島市)、大分県	青森県
	文部科学省「学校教育法施行規則の一部を改正する省令の制定並びに幼稚園教育要領の全部を改正する告示、小学校学習指導要領の全部を改正する告示及び中学校学習指導要領の全部を改正する告示等の公示について(通知)」	2008年3月	大阪府・豊能地区(大阪市・堺市)	
	文部科学省「言語活動の充実に関する指導事例集(小学校版/中学校版/高等学校版)」	2011年10月/2011年5月/2012年6月	神奈川県(横浜市・川崎市・相模原市)	静岡県(静岡市・浜松市)、神戸市、山口県
	文部科学省・道徳教育の充実に関する懇談会「今後の道徳教育の改善・充実方策について(報告)」	2013年12月	石川県、福井県	鳥取県
	文部科学省・道徳用教材「心のノート」「私たちの道徳」		鳥取県	
	中央教育審議会「道徳に係る教育課程の改善等について(答申)」	2014年10月		秋田県、三重県、大阪府・豊能地区(大阪市・堺市)、奈良県(大和高田市)、和歌山県、島根県、岡山県(岡山市)、徳島県
	中央教育審議会「初等中等教育における教育課程の基準等の在り方について(諮問)」	2014年11月		茨城県、石川県、福井県、福岡県(福岡市・北九州市)
	小学校、中学校、特別支援学校小学部・中学部学習指導要領の一部改正(「特別の教科　道徳」)	2015年3月		北海道(札幌市)、福島県(小中)、大阪府・豊能地区(大阪市・堺市)、奈良県(大和高田市)、香川県、福岡県(福岡市・北九州市:小中養栄)
	文部科学省「学校教育法施行規則の一部を改正する省令の制定、小学校学習指導要領の一部を改正する告示、中学校学習指導要領の一部を改正する告示及び特別支援学校小学部・中学部学習指導要領の一部を改正する告示の公示並びに移行措置について(通知)」	2015年3月		高知県
	文部科学省「道徳教育の抜本的改善・充実」	2015年3月		新潟県(新潟市)
学習評価	中央教育審議会「児童生徒の学習評価の在り方について(報告)」	2010年3月24日	福島県(高)、奈良県(大和高田市)、和歌山県	秋田県、茨城県、山梨県、大阪府・豊能地区(大阪市・堺市)、広島県
	文部科学省「小学校、中学校、高等学校及び特別支援学校等における児童生徒の学習評価及び指導要録の改善等について(通知)」	2010年5月11日	山梨県、岐阜県	岡山県(岡山市)
	国立教育政策研究所「評価基準の作成、評価方法等の工夫改善のための参考資料」	2011年11月	神奈川県(横浜市・川崎市・相模原市)	神奈川県(横浜市・川崎市・相模原市)
学校評価	文部科学省『学校評価ガイドライン〔平成22年改訂〕』	2010年7月20日	東京都、大阪府・豊能地区(大阪市・堺市)、奈良県(大和高田市)、鹿児島県	宮城県(仙台市)、奈良県(大和高田市)

158　VI　教育時事主要テーマ別出題一覧

テーマ	出典	年月日	2014年夏出題自治体	2015年夏出題自治体
学校安全	文部科学省「学校の安全管理に関する取組事例集」	2003年6月	新潟県(新潟市)	
	文部科学省・学校安全参考資料『「生きる力」をはぐくむ学校での安全教育』	2010年3月	宮城県(仙台市)、岡山県(岡山市)、愛媛県、大分県、宮崎県(小中高)	岡山県(岡山市)
	文部科学省「子どもの心のケアのために－災害や事件・事故発生時を中心に」	2010年7月	和歌山県	
	文部科学省「学校防災マニュアル(地震・津波災害)作成の手引き」	2012年3月9日		群馬県、福井県
	中央教育審議会答申「学校安全の推進に関する計画の策定について」	2012年3月21日		秋田県
	文部科学省「学校安全の推進に関する計画」	2012年4月27日	宮城県(仙台市)、滋賀県、山口県	宮城県(仙台市)、千葉県(千葉市)、京都市、大阪府・豊能地区(大阪市・堺市)、高知県
	文部科学省『学校防災のための参考資料「生きる力」を育む防災教育の展開』	2013年3月	大阪府・豊能地区(大阪市・堺市)	静岡県(静岡市・浜松市)、大分県
食育・学校保健	中央教育審議会答申「幼稚園、小学校、中学校、高等学校及び特別支援学校の学習指導要領等の改善について」(食育)	2008年1月17日		群馬県
	文部科学省「学校保健法等の一部を改正する法律の公布について(通知)」(学校保健計画)	2008年7月1日		群馬県
	文部科学省「薬物乱用防止教育の充実について(通知)」	2008年9月17日	大阪府・豊能地区(大阪市・堺市)	
	文部科学省『食に関する指導の手引～第一次改訂版～』	2010年3月	群馬県、愛知県、大阪府・豊能地区(大阪市・堺市)、宮崎県(養)	岡山県(岡山市)
	文部科学省「第2次食育推進基本計画」	2011年3月、2013年12月一部改正	大阪府・豊能地区(大阪市・堺市)	
	文部科学省「教職員のための子どもの健康観察の方法と問題への対応」	2009年3月	群馬県	
	文部科学省「保健主事のための実務ハンドブック」	2010年3月	群馬県	
	文部科学省『「生きる力」を育む小学校保健教育の手引き』	2013年3月		東京都
	学校給食における食物アレルギー対応に関する調査研究協力者会議「今後の学校給食における食物アレルギー対応について(最終報告)」	2014年3月		岡山県(岡山市)
学校運営	文部科学省・学校運営の改善の在り方等に関する調査研究協力者会議「子どもの豊かな学びを創造し、地域の絆をつなぐ～地域とともにある学校づくりの推進方策～」	2011年7月5日	和歌山県、大分県	
教員の資質能力	中央教育審議会答申「教職生活の全体を通じた教員の資質能力の総合的な向上方策について」	2012年8月28日	秋田県、千葉県(千葉市)	大阪府・豊能地区(大阪市・堺市)、鹿児島県
青少年の育成	中央教育審議会答申「今後の青少年の体験活動の推進について(答申)」	2013年1月21日	秋田県、山口県、徳島県	栃木県
	文部科学省「子どもの読書活動の推進に関する基本的な計画」	2013年5月	大阪府・豊能地区(大阪市・堺市)	
児童虐待	文部科学省「児童虐待の防止等のための学校、教育委員会等の的確な対応について(通知)」	2010年3月	高知県	大阪府・豊能地区(大阪市・堺市)
	文部科学省「児童虐待防止に向けた学校等における適切な対応の徹底について(通知)」	2010年1月	長崎県、鹿児島県	

テーマ	出　典	年月日	2014年夏 出題自治体	2015年夏 出題自治体
虐待児童	厚生労働省「子ども虐待対応の手引き」	2013年8月		名古屋市
人権	「同和対策審議会答申」	1965年8月11日	熊本県（熊本市）	神戸市、奈良県（大和高田市）、熊本県（熊本市）
	「人権教育・啓発に関する基本計画」（閣議決定）	2002年3月15日（2011年4月1日一部変更）	京都市、大阪府・豊能地区（大阪市・堺市）、高知県、佐賀県	福岡県（福岡市・北九州市）、長崎県
	文部科学省・人権教育の指導方法等に関する調査研究会議「人権教育の指導方法等の在り方について〔第三次とりまとめ〕」	2008年3月1日	宮城県（仙台市）、秋田県、千葉県（千葉市）、神奈川県（横浜市・川崎市・相模原市）、兵庫県、奈良県（大和高田市）、岡山県（岡山市）、香川県、高知県、福岡県（福岡市・北九州市）、長崎県、大分県	岐阜県、静岡県（静岡市・浜松市）、名古屋市、大阪府・豊能地区（大阪市・堺市）、福岡県（福岡市・北九州市）、熊本県（熊本市）、大分県
	法務省・文部科学省「平成25年版　人権教育・啓発白書」	2013年6月	大阪府・豊能地区（大阪市・堺市）	
	法務省・文部科学省「平成26年版　人権教育・啓発白書」	2014年6月		徳島県
	法務省・文部科学省「平成25年度　人権教育及び人権啓発施策」（概要）	2014年6月		佐賀県
	第3次男女共同参画基本計画（閣議決定）	2010年12月17日	京都市、徳島県	
	文部科学省「性同一障害に係る児童生徒に対するきめ細かな対応の実施等について（通知）」	2015年4月		福井県、三重県、奈良県（大和高田市）、熊本県（熊本市）、鹿児島県
白書	内閣府「平成26年版　子ども・若者白書」	2014年6月		福井県
	『平成25年度文部科学白書』	各年度別ごと		
教育制度改革	中教審作業部会報告「小中連携、一貫教育に関する主な意見等の整理」	2012年7月		鳥取県
	文部科学省「地方教育行政の組織及び運営に関する法律の一部を改正する法律について（通知）」（教育委員会制度改革について）	2014年7月		山形県、千葉県（千葉市）、奈良県（大和高田市）、高知県、大分県
	中央教育審議会「子供の発達や学習者の意欲・能力等に応じた柔軟かつ効果的な教育システムの構築について」	2014年12月		秋田県、奈良県（大和高田市）、徳島県、大分県
	中央教育審議会「新しい時代にふさわしい高大接続の実現に向けた高等学校教育、大学教育、大学入学者選抜の一体的改革について」	2014年12月		長野県（高）、鳥取県、福岡県（高）、大分県
その他	グローバル人材育成推進会議・審議まとめ「グローバル人材育成戦略」	2012年6月4日	静岡県（静岡市・浜松市）	
	文部科学省「グローバル化に対応した英語教育改革実施計画」	2013年12月	高知県	福井県
	「学校その他の教育機関における著作物の複製に関する著作権法第35条ガイドライン」		宮城県（仙台市）	
	文化庁「学校における教育活動と著作権」		福井県	
	国立教育政策研究所「社会の変化に対応する資質や能力を育成する教育課程編成の基本原理」（21世紀型能力）	2013年3月		秋田県

160　Ⅵ　教育時事主要テーマ別出題一覧

テーマ	出　典	年月日	2014年夏 出題自治体	2015年夏 出題自治体
その他	文部科学省「スクールソーシャルワーカー活用事業実施要領」	2013年4月	和歌山県	神奈川県（横浜市・川崎市・相模原市）
	文部科学省「土曜授業に関する検討チーム（中間まとめ）」→最終まとめ（2013年9月）	2013年6月	高知県	
	閣議決定「消費者教育の推進に関する基本的な方針」	2013年6月		福岡県（福岡市・北九州市）
	教育再生実行会議「教育委員会制度の在り方について（第二次提言）」会議の性格等も含む	2013年4月	鳥取県	茨城県
	文部科学省「家庭教育支援チームの在り方に関する検討委員会設置要綱」	2013年9月	徳島県	
	文部科学省「早寝早起き朝ごはん」国民運動の推進		高知県	
	平成26年度学校基本調査（確定値）			東京都
	文部科学省「学校教育法施行規則の一部を改正する省令等の施行について（通知）」（日本語指導）	2014年1月		岐阜県
	閣議決定「子供の貧困対策に関する大綱」	2014年8月		高知県、大分県
	英語教育の在り方に関する有識者会議「今後の英語教育の改善・充実方策について　報告～グローバル化に対応した英語教育改革の五つの提言」	2014年9月		鳥取県
ローカル時事	青森県「キャリア教育の指針＜総論編＞」	2012年3月	青森県	
	青森県教育施策の方針	2014年1月		青森県
	岩手県「いわての復興教育プログラム（改訂版）」	2013年2月	岩手県	
	平成25年度「学校教育の指針」の「本年度の重点」「教育活動全体を通じたキャリア教育の充実」	2013年4月	秋田県	
	「秋田県生涯学習ビジョン」	2011年9月	秋田県	
	秋田わか杉っ子学びの十か条	2008年度	秋田県	
	秋田県いじめ防止等のための基本方針	2013年12月	秋田県	
	第2期ふるさと秋田元気創造プラン「未来を担う教育・人づくり戦略」（平成26年度～29年度）	2014年3月		秋田県
	平成27年度学校教育の指針」（秋田県教育委員会）			秋田県
	秋田わか杉　七つの「はぐくみ」（平成27年度　秋田県教育委員会）			秋田県
	第5次山形県教育振興計画ほか		山形県	
	第6次山形県教育振興計画	2015年5月		山形県
	「第6次福島県総合教育計画」	2013年3月	福島県（高）	
	茨城県いじめ防止基本方針	2014年3月	茨城県	
	平成27年度学校教育指導指針」（茨城県教育委員会）	2015年3月		茨城県
	いじめ・体罰解消サポートセンター（茨城県）			茨城県
	群馬県人権教育の基本方針	2002年1月		群馬県

テーマ	出典	年月日	2014年夏 出題自治体	2015年夏 出題自治体
ローカル時事	平成26年度埼玉県教育行政重点施策		埼玉県(さいたま市)	
	「いじめ撲滅宣言」	2012年11月		
	「第2期 生きる力と絆の埼玉教育プラン－埼玉県教育振興基本計画(平成26年度～平成30年度)」	2014年6月		埼玉県
	千葉県「平成26年度 生徒指導の充実のために」		千葉県(千葉市)	
	「千葉県教育振興基本計画」	2010年3月	千葉県(千葉市)	
	第2次千葉県食育推進推進計画	2013年1月		千葉県(千葉市)
	平成27年度学校教育指導の指針(千葉県教育委員会)	2015年2月		千葉県(千葉市)
	「信頼される教職員のために(不祥事根絶パンフレット)」(千葉県教育委員会)	2014年1月		千葉県(千葉市)
	「千葉県いじめ防止基本方針」	2014年8月		千葉県(千葉市)
	「『いじめゼロ』へ！ 千葉県版教職員向けいじめ防止指導資料集」	2015年2月		千葉県(千葉市)
	平成27年度生徒指導の充実のために(千葉県教育委員会)			千葉県(千葉市)
	東京教師養成塾、東京都若手教員育成研修、採用前実践的指導力養成講座、東京教師道場、任用前学校体験			東京都
	「新潟県教育振興基本計画」	2014年4月		新潟県(新潟市)
	「石川県高等学校『学びの力』向上アクションプラン」	2015年3月		石川県
	福井の教育施策(少人数教育、英語に慣れ親しむ活動、「白川静博士に学ぶ楽しい漢字学習」、学力調査の活用、体力向上策)			福井県
	「福井県不登校対策指針」	2012年3月		福井県
	「新やまなしの教育振興プラン」	2014年2月		山梨県
	岐阜県家庭教育支援条例	2014年12月 施行		岐阜県
	「第2次岐阜県教育ビジョン」	2014年3月		岐阜県
	「静岡県防災教育基本方針」	2002年2月 (2013年2月 改訂)		
	「愛知県子ども読書活動推進計画～いきいきあいちっ子を育むために～(第二次)」	2009年9月		
	愛知県教育委員会「平成26年度学校教育について」		愛知県	
	「いきいきあいち スポーツプラン～豊かなスポーツライフの創造～」	2013年3月		愛知県
	「人権教育・啓発に関する愛知県行動計画」	2014年3月		愛知県
	「三重県教育ビジョン」	2010年12月	三重県	
	「三重県人権教育基本方針」	1999年2月 (2009年2月 改訂)	三重県	三重県

162　　Ⅵ　教育時事主要テーマ別出題一覧

テーマ	出　典	年月日	2014年夏 出題自治体	2015年夏 出題自治体
ローカル時事	「三重県いじめ防止基本方針」	2014年1月		三重県
	「人権教育推進プラン（改訂版）」	2012年3月 改訂		滋賀県
	平成26年度「学校教育の指針」	2014年3月	滋賀県	
	第2期滋賀県教育振興基本計画	2014年3月	滋賀県	滋賀県
	滋賀県教育委員会「特別支援教育ガイドブック」	2011年3月	滋賀県	
	平成27年度「学校教育の指針」			滋賀県
	「学ぶ力向上滋賀プラン」	2015年3月		滋賀県
	京都府教育委員会「平成26年度版　人権教育を推進するために」		京都府	
	京都府障害のある人もない人もともに安心していきいきと暮らしやすい社会づくり条例	2015年4月 施行		京都府
	京都市の人権月間・人権週間			京都市
	「学校における人権教育をすすめるにあたって」	2010年3月		京都市
	第2期ひょうご教育創造プラン	2014年3月	兵庫県	
	「神戸市教育振興基本計画」	2009年3月		
	「兵庫県いじめ防止基本方針」	2014年3月		兵庫県
	第2次神戸市人権教育・啓発に関する基本計画	2011年3月	神戸市	
	「いじめ早期発見・早期対応マニュアル」	2012年12月		
	奈良県教育委員会「人権教育推進プラン」	2001年	奈良県	
	奈良県「人権教育の推進についての基本方針」	2008年2月		奈良県（大和高田市）
	「和歌山県人権教育基本方針」	2005年2月		
	「和歌山県人権施策基本方針（第二次改定版）」	2015年2月		和歌山県
	第2期和歌山県教育振興基本計画	2014年3月	和歌山県	
	鳥取県いじめの防止等のための基本的な方針	2014年3月	鳥取県	
	「鳥取県の子どもたちの未来のための教育に関する協約」	2015年3月		鳥取県
	「島根県人権施策推進基本方針（第一次改定）」	2008年10月		島根県
	「しまね特別支援教育推進プラン」	2012年2月		
	第2期しまね教育ビジョン21	2014年7月		島根県
	島根県が進めるキャリア教育（島根県教育センターのリーフレット「RPDCA ですすめるキャリア教育」より）	2015年3月		島根県

テーマ	出　典	年月日	2014年夏 出題自治体	2015年夏 出題自治体
ローカル時事	山口県いじめ防止基本方針	2014年2月	山口県	
	平成26年度山口県教育推進の手引き	2014年4月	山口県	
	やまぐち子ども・若者プラン	2013年11月	山口県	
	「徳島県教育振興計画（第2期）～阿波っ子みらい教育プラン～」	2013年3月		徳島県
	「徳島県人権教育推進方針」	2004年2月	徳島県	
	「徳島県『徳島県人権教育推進方針』に基づく人権教育の充実」	2014年3月 改訂		徳島県
	「徳島県いじめの防止等のための基本的な方針」	2014年3月		徳島県
	香川県人権教育基本方針	2003年3月		香川県
	香川県教育基本計画	2011年3月	香川県	
	香川県教育委員会「さぬきの教員　かかわりの三訓」		香川県	
	香川県いじめ防止基本方針	2014年3月		香川県
	「スマートフォンやゲーム機などを使う場合の『さぬきっ子の約束』」	2015年2月		香川県
	人権教育指導資料（学校教育編）『Let's feel　じんけん～気付きから行動へ～』	2012年3月 改訂	高知県	高知県
	「高知のキャリア教育」	2012年3月	高知県	
	高知家の子ども見守りプラン～少年非行の防止に向けた抜本強化策	2013年6月	高知県	
	高知県教育振興基本計画重点プラン	2012年3月	高知県	
	高知県安全教育プログラム（震災編）	2013年3月	高知県	
	高知県人権施策基本方針～第1次改定版～	2014年3月		高知県
	「生徒指導ハンドブック～豊かな心を育むために～」	2014年3月		高知県
	高知県いじめ防止基本方針	2014年3月		高知県
	高知県教育振興基本計画重点プラン【改訂版】	2014年4月		高知県
	「福岡県環境総合ビジョン（第三次福岡県環境総合基本計画）」	2013年3月		
	「福岡県人権教育・啓発基本指針」	2003年6月	福岡県（福岡市・北九州市）	福岡県（福岡市・北九州市）
	「平成26年度版　環境白書」（福岡県）	2014年6月		福岡県（福岡市・北九州市）
	平成27年度「佐賀県教育の基本方針」	2015年4月		佐賀県
	くまもと家庭教育支援条例、熊本県部落差別事象の発生の防止及び調査の規制に関する条例	2013年4月	熊本県（熊本市）	
	熊本県人権教育・啓発基本計画（第2次改訂版）	2012年3月	熊本県（熊本市）	

164 Ⅵ 教育時事主要テーマ別出題一覧

テーマ	出典	年月日	2014年夏 出題自治体	2015年夏 出題自治体
ローカル時事	第2期くまもと「夢への架け橋」教育プラン(熊本県教育振興基本計画)	2014年3月	熊本県(熊本市)	熊本県(熊本市)
	「障害のある人もない人もともに生きる熊本作り条例」第1条(目的)	2012年4月 全面施行		熊本県(熊本市)
	「熊本県『無らい県運動』検証委員会報告書」	2014年10月		熊本県(熊本市)
	熊本県教育委員会「平成27年度特別支援教育取組の方向」	2015年5月		熊本県(熊本市)
	新大分県総合教育計画(改訂版)	2012年3月	大分県	大分県
	大分県公立学校教職員の人材育成方針	2011年10月	大分県	
	大分県教育委員会「子どもの力と意欲の向上に向けた『芯の通った学校組織』活用推進プラン」	2014年11月		大分県
	宮崎県「教職員の資質向上実行プラン」	2013年3月		宮崎県
	「宮崎県キャリア教育ガイドライン」	2013年1月		宮崎県
	「宮崎県人権教育基本方針(平成17年)」	2005年4月	宮崎県	
	「第二次宮崎県教育振興基本計画」	2011年	宮崎県	宮崎県
	「宮崎県いじめ防止基本方針」	2014年2月	宮崎県	
	「みやざき特別支援教育推進プラン」	2012年12月		
	宮崎県教育基本方針		宮崎県	
	宮崎県がん対策推進条例	2012年3月	宮崎県(養)	
	宮崎県「記紀編さん1300年記念事業」(宮崎県Webページ参照)			宮崎県
	「鹿児島県教育振興基本計画」	2009年/ 2014年改定	鹿児島県	鹿児島県
	鹿児島県人権教育・啓発基本計画	2005年1月、 2011年9月 一部変更	鹿児島県	鹿児島県
	沖縄県障害のある人もない人も共に暮らしやすい社会づくり条例	2014年4月 施行	沖縄県	
	沖縄県学力向上主要施策「夢・にぬふぁ星プランⅢ－虹色・未来への架け橋－」	2013年4月		沖縄県
	沖縄県教育委員会「確かな学力の向上」支援プラン改訂版 「わかる授業 Support Guide」	2013年10月	沖縄県	沖縄県
	沖縄県教育委員会「平成25年度～27年度学校教育における指導の努力点」	2013年1月	沖縄県	沖縄県
	沖縄県教育委員会「第三次沖縄県子どもの読書活動推進計画」	2014年3月	沖縄県	
	「沖縄県教育振興基本計画～沖縄の未来を拓く人づくり」	2012年	沖縄県	沖縄県

(作成：山田和広／協力：時事通信出版局)

Ⅶ　合格者の声

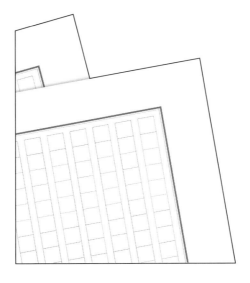

 Ⅶ 合格者の声

- 論作文の書き方が全く分からない人でも、4つのポイントを押さえることで論理的に組み立てることが出来るようになりました。読み手の心を動かすためにはどのような主張の仕方が効果的か、ヒントがたくさん記されています。教員採用試験における論作文の基本の型を学ぶために最適だと思います。

- 論作文指導を受ける際には、事前課題（テーマ）に沿った論作文を準備しておかねばなりません。一人で論作文と向き合うことになります。そんなとき、どう書いたらよいか分からず困り果ててしまうことがありました。だから私は冊子をいつも手元に置いて論作文を書いていました。論じる順序や語尾の表現など、細かい所までしっかりと記されていますので、私は辞書のように用いていました。必要な情報を必要な時にサッと見られるので、とても便利です。

- 論作文をなぜ教員採用試験で問われているのか。なぜその課題の内容なのか。これらの背景を学ぶことのできる一冊であったと思います。背景を知った上で論作文に取り組むことにより、内容の深い説得力のあるものが書けるようになりました。一つ一つの課題で問われている内

容が、詳しく整理されているので、自分の論作文と照らし合わせて不足している部分がないか確認することもできました。出題背景に沿った自分なりの取組み策を考えていくための一助となりました。

- はじめて論作文を書くときに、どのように書いたらよいか分からなかったが、答案例がいくつか載っているため、自分の中にイメージをつけやすかったと思います。初めは少し真似をして書く練習をし、自分の考えがまとまってきてからは、少しずつ自分らしくまとめていくようにしました。そのおかげで、説得力のある論作文が少しずつ書けるようになったと思います。

- 論作文は書くことだけを意識するだけでなく、日頃から教育に関してはもちろんのこと、政治や経済など広範囲にわたる情報を入手し、それに対して自分の考えをもつことが大切だということがこの本を読んで改めて理解することができました。教員はあらゆる事柄に興味をもち、幅広い知識だけでなく視野の広い思考力を身に付けている必要があると思いました。教員を目指す多くの方々にこの本をきっかけとして、採用試験の先を見据えた勉強を続けていただけたらと思います。

執筆者（掲載順、肩書は2018年度）

篠山　浩文（明星大学教育学部教授・学長補佐・教職センター長）　本書の特色

長谷川清之（明星大学教職センター教員採用試験対策相談員）　第Ⅰ章

宮本　　登（明星大学教育学部客員教授）　第Ⅱ章

岩木　晃範（明星大学教職センター教員採用試験対策相談員）　第Ⅲ章１.

山田　和広（明星大学教職センター事務室課長補佐）　第Ⅲ章２.、第Ⅵ章

菱山覚一郎（明星大学教育学部教授・通信教育課程長）　第Ⅳ章

郡司　常雄（明星大学教職センター教員採用試験対策相談員）　第Ⅴ章

資料協力　株式会社時事通信出版局

第２版　教員を目指す君たちに受けさせたい論作文講座
教育の見方・考え方が変わる

2016年11月10日　第２版　第１刷
2022年９月28日　第２版　第３刷

編　者　明星大学教職センター
発行者　落　合　一　泰
発行所　明星大学出版部
〒191-8506 東京都日野市程久保２−１−１
電話 042-591-9979

ⓒ明星大学教職センター2016

印刷・製本　信濃印刷株式会社
ISBN　978-4-89549-202-7

●明星大学出版部刊

▼明星大学教職センター編

教員を目指す君たちに受けさせたい面接試験対策講座　教員になる覚悟を持つ

A５版・250頁・1950円＋税　ISBN 978-4-89549-201-0

教員採用試験の面接試験に備え、実施状況や想定質問などを紹介。また、面接試験に挑む際の服装や基本動作に加え、教員採用試験に合格した先輩の面接体験を再現し、面接官の視点やNG回答なども盛り込む。チェック欄あり。幼稚園教諭、保育士の面接試験対策も収録。

〔内容〕

　ガイダンス　～志を語れる者に道が拓ける～

　本書の特色

　Ⅰ　面接試験に備える　～元気、志気、理想を持つ～

　　１．はじめに　２．一段と強まる面接重視　３．熱い思いを伝えるチャンス　４．試験対策のスケジュール　５．面接試験の実施状況　６．期待される教師像　７．個人面接　８．想定質問　９．集団面接　10．集団討論　11．場面指導　12．模擬授業　13．ロールプレイング　14．面接官の視点　15．面接の評価基準　16．総合評価　17．幼稚園教諭、保育士の面接対策

　Ⅱ　面接試験に挑む①　提出書類　～自分に返る～

　　１．志願書・面接票　２．提出書類の作成　３．記載例　４．自己ＰＲ　５．自己ＰＲの記入例　６．志望動機・理由　７．志望動機・理由の記入例

　Ⅲ　面接試験に挑む②　実践編　～辞気を出して鄙倍を遠ざかる～

　　１．外見も重要　２．面接の基本動作　３．退室までの流れ　４．面接態度のチェック　５．個人面接　６．面接試験の体験報告　７．集団面接　８．集団討論演習　９．場面指導　10．模擬授業

　Ⅳ　必要となる資質・能力を磨く　～日常実践項目～

　　１．豊かな人間性と教養　２．教育的な愛情・使命感・責任感　３．対話力・会話力・独話力　４．組織に貢献する力　協働　協力　５．教科等の専門能力、指導能力　６．学級経営と生活指導力　７．教育課題解決への関心・意欲・態度　８．服務・法令の遵守

　Ⅴ　資料を活用する　～肝大心小

　　はじめに　１．教員の資質能力　２．教員の服務～職務上・身分上の義務　３．体罰・懲戒　４．学校教育に関する法令等と学校教育の役割　５．学習指導要領（「基準性」）　６．学習指導要領（改訂のポイント）　７．確かな学力　８．言語活動の充実　９．キャリア教育　10．基本的生活習慣　11．生徒指導　12．いじめ　13．不登校　14．保護者からの苦情への対応　資料：関連法律条文

　Ⅵ　重要資料・注目ポイント

　　１．気概を持って教員採用試験に立ち向かう　２．教育委員会が求める教員像

　試験本番に向けて　～教育実習期間の過ごし方と教員採用試験～